CW01657439

Lieve Ke

... voor morgen
en nog lang
daarna!

van Robert + Aly
14/6/08

ALLE GEDICHTEN TOT GISTEREN

GERRIT KOMRIJ

De tranen der ecclesia's (essay, 1999)
Luchtspiegelingen. Gedichten, voornamelijk elegisch (poëzie, 2001)
Vreemd pakhuis (beschouwingen, 2001)
Hutten en paleizen. De mooiste gedichten (poëzie, 2001)
De klopgeest (roman, 2001)
Inkt. Kapitale stukken (beschouwingen, 2002)
Lang leve de dood. Een bloemlezing in honderd-en-enige gedichten (anthologie, 2003)
Een zakenlunch in Sintra (verhalen, 2003)
Demonen (autobiografische verhalen, 2003)
Hercules (roman, 2004)

DE BEZIGE BIJ

GERRIT KOMRIJ

ALLE GEDICHTEN TOT GISTEREN

2004
DE BEZIGE BIJ
AMSTERDAM

Eerste druk (gebonden) maart 1994
Tweede druk (ingenaaid) april 1994
Derde, vermeerderde druk (gebonden) januari 2004

Omslagontwerp Christoph Noordzij
Auteursfoto Wim van de Hulst
Zetwerk PerfectService, Schoonhoven
Druk Hooiberg, Epe
ISBN 90 234 1244 3
NUR 306

Aan C. H.

VROEGE GEDICHTEN

JONG

Negen jaar. Een hoofdje zonder mensen.
Twee jongens die wat verder staan.
Sterkere ogen volgen intens een

Kikvors met een opgesperde mond.
En ze zijn groot. Je kan ze niet verwensen.
Ze blazen dan de kikvors rond.

Hun spriet wordt groter dan de bomen.
Uit beide ogen vliegt verbaasde stront.
Wat moet, wat moet hier wel van komen?

Dat zit niet in je kouwe kleren.
Ze vonden je toch maar een slome.
Lopen, jongen, je niet encanailleren.

STRAATTONEELTJE

Vuurlak uit een vulkaan, toornende tongen
Zoeken hun banen overal heen.
Uit het magma stolt een jongen,
Zeventien amper, een brekebeen.

We eten in een grillroom suikerbonen,
Griotten, maken er een dans.
'Ik zou wel in je haren willen wonen!'
Het jongetje lacht. Een vrolijke Frans.

Passanten zien ons stil en dreigend aan.
Ze staren, linkerpinken opgeheven.
De ondeugd. Hij komt naast me staan
En zegt: Kom mee. Sta niet te beven.

De golfslag van de Styx. Je zit te soezen.
Diakenhuizen hangen op je rug.
Je bent een boeman in een witte bloeze
Die niet naar voren gaat en niet terug.

Je bent een ram, je bent geweldig sterk
En van een weergaloze nuchterheid.
Je draait je hand niet om voor overwerk
Wanneer je keien in het glaswerk smijt.

Je bent een kreeft die achteruit moet lopen
En met 'n bloedvlek hangen blijft aan 't dak.
Met alles loop je in je droom te koop en
Voelt je net een godgewijde hobbezak.

De lijkkist is al weer voorbij gegaan.
Kinderen lachen één etage lager,
En komen, straks op straat, rondom je staan,
En stellen je de zonderlingste vragen.

Er speelt een orgeltje uit 'n koud land,
Er zeurt een melodie door je gedachten:
Zo dadelijk loopt alles uit de hand.
De kinderen staan stil op je te wachten.

Ik zou wel willen dat ze eens *en gros*
Met platitudes kwamen. Anders vergaat je
De lust tot niksen. Makkers, trossen los.
Ik drink mijn koffie, snoep mijn sjokolaatje.
Het licht valt om mijn kousen neer.

FEEST

Je nam beleefd je hoed af voor dat vreugde-
Vuurtje. De hele nacht door was het lente.
Het brandde, brandde tot je niet meer deugde.
De mensen! Hun gezicht! En hun pigmenten!

Je voelde je na afloop vreeslijk moe.
Je had heel lang gewacht op zo'n verzetje.
Toen: met je invitatie er naar toe,
Gemaskerd, vermomd als gotiese letter.

Je groette de vrouw die de scepter zwaaide:
Daar keek ik van op! Als vanzelf mijn dank!
En zei, toen iemand met vocht je te paaien
Trachtte: Ik drink al. Val me niet in de drank.

LIJM

Waardige vellen die met matrozen vozen,
En vrouwen brengen visa aan de man:
Het buitenland heeft scherpe lichte rozen.
Papieren tellen af wat je niet kan.

Geen vreemdeling die je begeerte stilde!
Het buitenland gaat je nog wel bezuren.
Je snuift verwarring op en, o, je wilde
Dat je een paal had om je rug te schuren.

Je kan geen verbijzondering begrijpen.
Katten kunnen voor katten niet miauwen.
Aan moederkoeken is geen punt te slijpen.
Goethe kan met Frau von Stein niet trouwen.

i

Is het niet wonderlijk? Ik heb gedroomd
Vannacht van vreemde vrouwenlijven.
Uit hun lichamen, die leken op een boom,
Groeiden takken vol met stronken andijvie.
Je lachte erom – maar nu je loom
En rustig bent moet je erover schrijven.
Je hebt gebibberd. Nooit heb je geduld
Dat je zo droomde. 't Is je eigen schuld.

ii

Ik weet geloof ik niet meer wat ze zeiden.
En dat is beter ook. Want het was iets
Waaronder alle bomen staan te lijden.
Enorm leep bedacht. Toch zeg ik niets.
Ze zaten wel voortdurend hard te rijden
Op een volkomen afgetrapte fiets.
Al heb je ook gezien wat ze bedoel-
Den, je houdt op jouw manier je smoel.

iii

Ik antwoordde, dat ik ze met mijn woorden
Wel wilde doden. Dat bleek niet zo dom.
Want met 'n blik alsof ze *mij* vermoordden
Fietsten ze weg, opeens, met stille trom.
En duidelijk, alsof ze elders hoorden,
Deden ze dat, en sloegen pijlsnel om
Als bladen in de wind. En of ik lachte!
Je moet van mij geen heksentoer verwachten.

ZIEKENHUIS

Heel voorzichtig uit het wit.
Ik masseer mijn zere voet.
Ik loop wat beter, en denk dit:

Al weet je nog zo wat je doet,
En wat je zwart op wit bezit:
Iedere dag een andere dood.

Zij wil je vast niet verontrieven,
Al etaleert zij haar bravoure.
Zij speelt, bij al haar positieven,
De Babylonse hoer.

Je kunt nog zoveel nee en maren,
Wie zeilt ooit om haar obelisk?
En al die willen te kaperen varen,
Varen naar haar haverkist.

Hij haatte alle vrouwen & terecht.
Hij vraagt me waar hun laagheden naar
leiden. Hij kijkt me aan & zegt:
spui nu je laatste vunzigheden maar.
Ik, recht & slecht,

vertel hem wát ik er van weet. Je
hoort me lang & knikkend aan.
Dan sta je op & je ontkleedt je.
Ik lach & kijk je een beetje aan
& nog een beetje.

De arme hals die ik ben
heeft 't met duistere lippen
aan de avond gezegd en
de avond antwoordde niet.

Je zei het aan de vissers
die met de netten sjouwden,
en zag hun bezige vingers
en donkere wenkbrauwen.

Je trachtte ze aan te raken
daar waar je de felste
koudbloedigheid kon raden.
Een heksentoer van jewelste.

Zo zag je eens een straat
waarop bedachtzaam slenterde
een man met 'n stalen plaat.
En op hetzelfde moment

stak, met eenzelfde stalen
plaat, iemand dwars over.
Je trachtte ze in te halen,
maar was te ondersteboven.

I

Tussen dit vers ga ik nu stratemakers zetten,
Die aan 't plaveisel werken binnen regels.
Je moet, om het te horen, goed opletten.
Van heel dicht bij klinkt tikken op de tegels.

Je ziét ze werken in dit afgerasterde.
Je kunt ze bijna met je vinger raken.
Ze merken niks. Ze slaan kalm vaster de
Klinkers in de straat, ook afgebakend.

De opperman schep ik als een gestalte
Die je van 't stille werken overtuigt
Dat langzaam vordert in de platgevouwen smalte
Van twaalf regels, waar je een punt aan zuigt.

2

De arbeider, die ik hier aan de straat
Zittend, met zijn houweelslag opklinken
(Je hoort het nog van veraf) laat,
Zie ik, hoe zonderling, eerst loodrecht zinken.

Dan slaat hij over kop, en tolt en tolt en
Ik zie langs zijn as zijn mond verkrampen.
Een klap; en met accompagnie van volten
Begint hier, nogal vreemd, het vlees te dampen.

Ruik hoe de rook uit deze regel stort.
Als je even wacht springen er vonken los.
Je ziet nu voor je, in een klein retort,
De stratemaker, rond, als een homunculus.

3

Ik ben een architect en bouw een huis.
De stenen uit het vuur. De stenen uit het water.
Onder dit dak is alles eender gespuis.
De dichter moordenaar. De schillenboer senator.

Waarom is niet de moeder kerngeleerde,
Dictator stratemaker, huis een kaartspel?
Of denk ik soms dat deze of gene heer de
Wenkbrauw fronst daarover? De ochtend klaart wel.

Ik sta hier dan, gebogen over deze steen,
En meet en reken wat eruit moet worden.
De timmerlieden zitten zingend om mij heen:
I'm standing on the banks o'the Jordan.

4

Ik moet een muur gaan bouwen bij de halte.
Regel voor regel voor uw oog. De stenen
Worden aangedragen door grote gestalten.
Ze zijn niet te zien, noch bij te benen.

Er rijst een straat omhoog voor mijn borst.
Ik metsel om het leven. Een gnomen
Danst in mijn hoofd: dromen en dorst
Te lessen en het uitzicht op lucht zijn mij ontnomen.

Hoger kan ik niet reiken. Dat is dat.
Ik trek mij voor je aan deze regel op
En baan me naar je scherpe blik een pad:
Schotelogen zie je in uitgeputte kop.

MAAGDENBURGSE HALVE BOLLEN EN ANDERE GEDICHTEN

(1968)

Weêrgalmt mijn Lier, zij leent heur snaren
Tot geen vermeetlen kamp!
Als Phebus opsteeg uit de baren,
Doofde Epicteet zijn lamp.

A.C.W. STARING

I VAN MEET AF AAN

Er speelt al jaren in je achterhoofd
't Idee een melodrama op te schrijven.
Dat wil niet lukken met je zwemmend hoofd,
En 't staat niet deftig om door te drijven.

Van 'n stille koehandel huilend vertellend,
Hoef je dus van *doodsangst* niets te bekennen
Dan hazepaden, die in de zon vervellen,
Luchtledigheden, die om je benen rennen.

Je leidt het leven van een dertienmaster.
'n Verneutelde dwerg sikkeneurt om de reus.
Garçon, nog een glas hier! Tegen de laster!
Tegen het feuilleton! Je bent heel serieus.

PARASIET

Ik ben een vlieg, kruip gulzig in de aars
Van paarden – en ik kom er schuchter uit.
Onder de indruk steeds van al het waars,
En de verbazing die mijn horizon verruimt.

Ik had een blikveld van tientallen weken
En nu zijn alle stallen weer gesloten!
Mijn lamme vleugels zijn het vege teken
Dat 't in- en uitgaan wel is afgesloten.

Wat zal ik met mijn ogen moeten doen?
Want als ik doodga stink ik als een lijk.
Ik word een paard! – één vol seizoen
Zet ik dan al mijn zoden aan de dijk.

Als kind vond je een punteslijper 't fijnst.
Ze zaten in een bloemkelk of een poesje–
Nu ja, zoiets. Dat vond je niet zo gauw.
Er zat een inktlap aan. Die moest je

Helpen als je vlekken had gemaakt.
Van kindsbeen af heb je 'n beeld behouden,
Dat, toen je eens verloren was geraakt
In een wild bos, een vrouw, wat ouder,

(Het kon een heks zijn) zo een van binnen
Ingebouwde slijper aan je gaf
En zei: *Van nu af aan zijn we vriendinnen.*
En zei: *Het zijn de dingen van je graf.*

In ieder dorp stond nog een watertoren
En klimmer groeide op de platte dakjes.
De boer vroeg mat: wat heb je er verloren?
Aan een jongen in een pluisfluwelen pakje.

Hij zag een molen, en een waterkering.
Het stulpje stond er ook, al was het tinnef.
Men zat daar, spreekt vanzelf, slecht in de kleren.
Er was geen tuintje en geen kast met linnen.

De fulpen jongen had wel een eigen zolder,
Met uitzicht op de rode watertoren. Hut
En haar huizen van katoen over de polder.
Zomaar een idylle uit de mouw geschud.

Valt er van dit weerzien iets te hopen?
Je denkt niet graag terug aan kinderjaren.
Ziet sneuvelen, in kleine rijen lopen,
Zomerliedjes zingend: – *Dit evenaren*

Kunnen geen schatten van de aarde.
Ik wil gaan varen. En naar de tuinen.
Je ruggen recht, oogjes van kleiaarde.
Omgaan met de juffrouw in de duinen.

Het was zo met elkaar een muffig lied.
Van ééntje heb je later iets gehoord.
En in dit weerzien viel toen nog verdriet.
Zo'n rare slungel. Je hebt hem *vermoord*.

II EEN KUNSTLOOZ' LIED

VRUCHTBAAR

De nachtegalen groeien uit mijn warme lenden
En zingen uiterst schoon over de gang van zaken.
Je voelt erin de toon van desolate ellende
En ziet me grote geile koeje-ogen maken.

Er groeiden anemonen uit Adonis' bloed!
En hij heeft de Lethe volkomen leeggedronken.
Als ik er maar aan denk dat ik het moet:
Dan heb ik al gegeten en gedronken.

Het loopt me door elkaar als in 'n botervlootje.
Daarover maak ik eens doltragische verhalen!
Je moet zoiets wel doen. Want zoiets doodt je.
Kom toch bij me en aai weerszij m'n nachtegalen.

Ik krijg de ene briefkaart na de ander
Van mensen die om raad verlegen zitten,
Met 't kompliment: *jij bent tenminste handig.*
Jij ziet tenminste helder hoe de zaken zitten.

Je bent 't niet. Je bent om op te schieten.
Men heeft je blijkbaar van verstand beroofd.
Ze *blijven* zich bij al beschouwen als visite.
Je hebt wel andere problemen aan je hoofd.

Je zit te knipogen met zon in je servet
En tracht dan met je voet 'n sigaret te rollen.
O hoor me ook niet zingen. Je zit op 't toilet
En legt er langzaamaan waanzinnig warme drollen.

VERGEETACHTIGHEID

Wee mijn Jozef, driemaal as op mijn hoofd!
Daar was ik vergeten om je op te bellen.
Omdat ik wist, *hoe* ik het had beloofd,
Gingen mijn oren tuiten als gazellen.

Ik kreeg, dat weet God, goddank dank zij
Het feit dat mijn geheugen uit de tweede
Hand nog tikken ging, geen last van averij.
Maar ik had geen minuut om me om te kleden

En wist niet of ik wel de tram zou halen.
Mijn das scheef, kam weg, helemaal konfuus.
Ik zou, ha! met konfetti en met kralen
Mijn lul moeten versieren als ekskuus.

Langzamerhand werden de stenen meer.
Ik sta in het trezoor gedeponeerd
En wel. Er heeft 'n vreemde met een scheer-
Mesje beî mijn teelballen geskalpeerd.

Ik ben van hoog allooi. Talrijke eeuwen
Verwateren, de grootvorstinnen lokken
Als bedelaars en harlekijns, en leeuwen-
Huiden werpen zich op als hoepelrokken.

De hemelbedden staan pralend in alkoven,
En recht heb ik op iedere stoute bewering.
Ach, het betekent niets als je van boven
Inslag bent, en van onderen schering.

SLAKKEHUIS

De melkkruk werd op zekere dag zo groot
Dat wij er gemakkelijk van konden eten,
Met ons twaalven; maar, wat erger was, de goot-
Steen verschrompelde tot een eierpan. Weten

Mocht het de hemel wat je daar nu mee moest doen.
(*Vaak is het zo droevig in een mensenleven.*)
Je stond je ook juist af te vragen, waar de schoen
Wel knelde toen, op de koop toe, hele scheve

Verzakkingen en zo knaagden onder de, ja,
Waaronder? Daarna opstulpingen en deuken,
Toen kleurverschietingen, en dat gedonderjaag.
Zeg maar jaja, vriend, daar gaat je mooie keuken.

III VANUIT NERGENSHUIZEN

HOND

Je wandelt op twee benen van taai-taai
En zingt een kinderliedje van een hond
Waaraan 't staartje weer wordt aangedraaid,
En die er achteraan loopt in 't rond.

Je haakt zo niet naar dingen die ze zeggen
Maar gaat een kelder graven in de grond.
Wat zullen we vrolijk zijn. We leggen
Een kaartje en we springen in het rond.

Je wilt toch ook wel eens een veer wegblazen.
Je lacht dat het een aard heeft, maar je mond
Blijft dicht–dan neem je ze te grazen
Door plotseling weer te zingen van die hond.

SAMEN UIT

Wij gingen stiekem nog een straatje om.
(*Nergens zag je meer een menselijk wezen.*)
Op zebrapaden lachten we ons bijna krom:
De zebra is een beest vol privilege.

We zagen dus ook straatlantaarns van email.
Dat vonden we toch prachtig. En tot tranens
Toe geroerd kwamen we aan de oude kaai,
En hadden daar een wazige kijk op de kranen.

Waziger nog deed je als een tol of je recht
Kon staan, maar jammerlijk rolde je een kuil
In. Hoe komen we naar huis? Ja, wat je zegt:
Hoe zou toch Simon schijten op zijn zuil?

Je had een mooi hoofd en dito handen,
Jandorie spitse oogjes ook. Maar morgen
Brengen ze je met hun schennershanden
Naar hun Blauwbladvelden, of overmorgen.

Ach, hoedje van papier. Over de zandweg
Rijdt er een karretje langs. Lieve hemel!
Het ene zus het andere zo, ja botweg
Karretje na karretje, een heel gewemel.

Een pieremachochel leest de aren, staat
Op, en het schalt uit een hoorn. Over 'n week
Tapijt van blauwe blâren loop jij en je laat
Je als een gloeilamp drijven in de beek.

KLOOSTERTUIN

We gaan vanavond naar de Zomertuinen,
En planten erwtjes op de buik van paters.
Weerstuit zal gaan schijnen op hun kruinen,
En in de tuinen blinken stille waters.

Je komt niet verder dan de nekgewrichten.
(*Zo'n onderneming loopt soms op niets uit.*)
Je handen branden aan in de gezichten,
En in het klooster gaan de lichten uit.

Een woord zegt niets! Maar waar een wil is,
Daar is een weg. Of onderdak.
Je biecht er in de tuinen je sifilis.
De erwtjes gooi je in de vuilnisbak.

WEIGERING

In een museum loop je langs veel lijken.
Het brandend braambos, toverfluit van Pan.
Je denkt als me de dood hier komt bekijken,
Dan ben ik al waar hij me laten kan.

Buiten dit museum geen bekenden.
Voor wie je vluchtte is je onbekend!
Keteltjes, die om je benen renden,
Zijn ook niet in de zalen uitgerend.

Het is noch neergedaald noch buiten spel.
(*De werkers zijn de adders in het gras.*)
In het museum zegt een man: het is pastel.
En jij nog denken: het is Caran d'Ache.

IV LAG JIJ MAAR HIER

Er zijn in Oostenrijk veel hoge bergen.
Hoe in de nacht de leidingen verzuilen.
De reuzen willen ruilen met de dwergen.
Kijk, Kloos zit op een bloem te huilen.

Maar jij huilt met één opgetrokken been,
Ook wel op zachte, maar zo vreemde wijze:
Je staat als zuil om hek van zuilen heen,
Enclave. Vrouwen dalen, mannen rijzen.

Waarom de tranen juist in kalme tijden?
Talloze klieren werken op de fallus,
En als je neuken wil, dan moet je lijden.
Je weet niet of met Kloos dat het geval is.

DROOM

De opperman verkracht zijn coryfee en
In de verte rammelen wat oude borden.
Hij weet onder de roffel van de naweeën
Dat hij opeens een heel koud man kan worden.

Ik zit op 'n stoof te kijken en te niezen en
Zie de jongen onder hem nog lijden.
Ik denk: dit is het sprookje van de markiezin en
Hoe zij eens gekeeld werd door haar keukenmeiden.

Ik denk: je wordt getemd, en ik de menner!
Ze zullen buigen, je twee ogen van hard glas.
Ik ben je moordenaar, je vriend, je grafschenner.
Als ik maar niet zo snipverkouden was.

Ik stap het bordes af in een statige bruidstooi,
Dat is mijn man, dat hebben we weer gehad.
De sirene van de spinnerij, die fluit mooi
En de mannen van de brandweer, ze zijn zat.

Als kind speelde hij al met een brandweerwagen,
Vertelde zijn moeder, met een felle rooie,
Fluks om de tafelpoot, en kon hij dagen
Lang stoken met dat late paard van Troje.

Dán bluste hij in het groot. Door zijn trawanten
Wordt hij nu in mijn bruidskoets nagewuifd.
Ay, ik ben in de plaats gekomen van de branden.
(*Als hij vannacht zijn ladder maar niet uitschuift.*)

JARRETEL

Zij zat balsturig op het markttterras
Te kijken naar de scheve wandelwegen
En zag dat er een ondergraving was
Zo tussen dal en halve top gelegen.

Ze kon zich nauwelijks meer vergewissen
Omdat ze morrelde aan haar kousophouder.
Mij zag ze zitten! – In één tel is ze
Opgeschrikt, en ze zag jaren ouder.

Het leek wel of je met haar had gesproken!
Het zat niet zo. Daar was geen sprake van.
De sleutel van Engeland is gebroken,
En je weet geen smid die hem maken kan.

O, agave, plant van mijn later jaren...
Je ringeloort me als ik je tegenkom.
Mijn magere hand streelt langs je haren,
Al daag je ook mij uit, en niet andersom.

Wat zag je al niet vóór mijn levensavend,
Toen repelsteeltje en haar bruidegom
Hun ouders een flinke stofbeurt gaven
Als straf voor hun miezerig liaison?

Ik heb niettemin meer spijt dan haren.
Hoe diep, zeg me, moet ik nog zinken om
'*O pijnboom, boom van mijn oude jaren*'
Te gaan mummelen tegen een paardeblom?

V DE KEERZIJDE VAN DE ARBEIDSVREUGDE

Wij hebben op zoek naar het water
de dode vuren gevonden
die in ons gestorven waren,
en vonden het water een zonde.
We zetten ons in de schaduw
die we daar zelf opriepen,
en gingen de slangen nadoen
die rond onze voeten liepen.
Dan was er de weg der sipressen
waar je vergeefs gedwaald
had, om wat je vroeg te lessen.
Wij namen er wel een kraal
maar die verloren we later,
dus werden we onmondig.
Wij hebben op zoek naar het water
de dode vuren gevonden
die in ons gestorven waren.
En konden geen water vragen
zonder een slang te baren.
Zagen wiede wiede wagen.

Of hij Ottobald heette of anders,
dat deed niet zoveel ter zake.
Eens vocht hij met salamanders,
en met een kolonne draken.
Nu woont hij tussen drie wanden,
ver bij de kwaadriekende poelen,
en probeert met zijn tere handen
of hij de schimmel kan voelen.
Zijn vrouw eens de keel afgesneden.
Zijn kinderen in verre landen.
Dat was duizenden jaren geleden.
De dagen van Ottobald kwijnen
onder een bloedeloos strodak,
ver van zijn land en de zijnen.
Vergenoegd met wat pruimtabak
en een haan die hem niet hoeft te
wekken, versukkelt hij mallotig.
Dit was de man die vertoefde
bij de vrouwen van wie Gothen
of Hunnen heetten of anders.
Zijn huid, die hij juichend looide
in de Oriënt, scheurt en verzandt.
Dit was de man die toernooide.
Ottobalds dagen verglijden, geen
agave in de tuin, waar het stilligt.
Geen kalebassen, slechts steen
krijgt wat het wil ingewilligd.
Zijn vrouw eens de keel afgesneden,
zijn kinderen in verre landen,

hij murmelt: – '*Van lieverlede*
zal mijn gestel het begeven.
Maar vóór ik ben overleden,
zij komen terug, mijn neven,
mijn zonen, de jongste. Bij God,
ik zal ze het laatste geven.
Zij krijgen een koperen pot
met pis en met paardevijgen
(hier, in de driehoekige keet,
in het schot, of hoe het ook heet)
die ze blijmoedig bewaren,
waar andere boomtoppen neigen.
Maar de jongste, met zwarte haren,
schenk ik een zilveren pot
die hij niet open kan krijgen...'

Je stak op een ochtend turf.
Tot hij kwam, en zei: durf
je aan het spinnewiel werken?
Je dacht: dat wordt mijn zerk.
Je ging naar het spinrok toe,
en werd uit zijn hand gevoed.
Je zette je volksrond gelaat
op en werd een keurig soldaat,
maar een soldaat zonder vrienden.
Je zou dorpen branden en tienden
eisen van de ommuurde stad–
als je het maar gedurfd had.
De natuur? Op de bint knikken
de mussen en de leeuweriken.
(*De stad, de straat, het holadiee*
komt meer overeen met jouw idee.)
Je moet van het spinnewiel weg
en komt in de keuken terecht.
Hij noemt je: kok. En de geur
uit je kookpot is superieur
aan die van het front. Heet zand
en kooltjes wordt het menu. Want
je hebt een zwaardere dobber aan
het kijken dan menig onderdaan.

Een domkop daalt af in de grond.
Zijn oudere broers gaan reizen
naar een land aan de horizon.
Het oosten en het westen. Bewijs
eens dat ze hem haatten.
Hij komt in 'n heel groot hol.
En uit de kleine leefgaten
komen een pad en een mol.
Hij krijgt van de pad een matras,
een ring en 'n beeldschoon meisje,
dat eerst een pad in een raap was.
Ze zingen hem een wijsje,
dat hij herhaalt als een wijs,
met vereenvoudigde maten.
Een ezelsbrug. Bewijs
maar eens dat ze hem haten.
Het meisje vliegt door de ring
in de zaal. Het is vijftienhonderd.
De broeders zijn onderling
bezworen. De dag is zonder
een hollebollewagen.
De pad ligt dronken te slapen.
De mol neuriet nog vaag en
zit eikels op te rapen.
De jongste is 'n wijs koning.
De domkop, hij trouwde het mooie
meisje, en bij de kroning
droeg ze zilver en bloosde.

VI DAAR IS HET GAT VAN DE DEUR

Je ligt bij Charles en moet een spreekwoord zeggen.
'Wat ademt doet vier daden met mondjesmaat:
Sjoelbakken, naaien, helden- en eieren leggen.'
Dat is goed, zegt hij, en hij knikt kordaat.

Ga door, zegt hij, ik wil nog meer horen.
'Een rood kapje is beter dan een klein duimpje.'
'In Holland is de diepvries diep gevroren.'
Hij lijkt tevreden. 'Krijg ik nu een pluimpje?'

'Je krijgt een pluimpje, maar zeg eerst meer.'
Je hebt uit van slapen, en vertelt wát je weet.
Charles stapt het bed uit, haalt een veer
En stopt je die bedachtzaam in je reet.

NIET NAAR DE DIERENTUIN

We plukten appels van wildvreemde bomen
En dachten wonder wat van onze kunst,
Van pere-, pruime- en granaatappelbomen,
Wie zei dat het niet kon, was uit de gunst.

We plukten zeer gepast, zonder een vaste lijn,
En geen dode ziel waagde ons op te hitsen,
Behalve 'n mannetje, dat ons, met venijn
Probeerde een kaartje in de maag te splitsen:

Voor de dierentuin: er was een karekiet,
Een giraffe, een sidderrog, een hele massa
Dieren, alleen een olifant was er niet,
En er zat een mongooltje achter de kassa.

We gingen in een bos vol opgedoekte bomen
Zoeken naar één lege waterput; het gieten
Van de regen houdt ons niet tegen; we komen
De bomen almaar tegen, almaar rekwisieten.

We gingen in een veld vol opgedofte struiken
Zoeken naar één lege waterput; we stoppen
Hier en daar eens, als twijfelaars; en we ruiken
Niets aan de struiken, het zijn maar modepoppen.

Verlaat mij hier dan toch, gij trouwe reisgenoten,
Gij mannen van 't jaar nul, ons zoeken is te dol
Om los te lopen, al was er een jongen die floot:
Dáár staat een put vol steen, volledig vol.

Bij aller volken tal is de nieuwsgierigheid
Heer. Ze snuffelen in bijna al je laden,
Dat het verre van mooi is. En na een tijd
Van weken, of zelfs maanden, mag je raden

Wat men zoekt. Maar pal gestaan: je zal ze
Niet vragen wat ze doen, noch je met rooie
Konen verwonderen: hé jij daar! 't Zijn valse
Parels die zichzelf voor de zwijnen gooien.

Je zal je daar zeker in je vingers snijden.
(*Misschien doen zij het ook niet voor de lol.*)
Ze laten de laden bonkend zoef-zoef glijden.
Jouw kast is ook zo vreselijk proppensvol.

De eerste regel is om te beginnen.
De tweede is de elfde van beneden.
De derde is om wat terrein te winnen.
De vierde moet weer rijmen op de tweede.

De vijfde draait u plotseling een loer.
De zesde heeft het twaalftal gehalveerd.
De zevende schijnt zwaar geouwehoer,
De achtste bloedserieus. Of omgekeerd.

De negende vertelt nog eens hetzelfde.
De tiende is misschien een desillusie.
De elfde is niets anders dan de elfde.
De twaalfde is van niets de eindconclusie.

ALLE VLEES IS ALS GRAS OF
HET KNEKELHUIS OP DE DODENAKKER
(1969)

I VIJF GEDICHTEN VAN DE SPIERING EN DE WINDBUIL

I *Waarin de Spiering en de Windbuil hun ingewilligde verlofaanvrage doorbrengen in een pension, maar zich de eerste dag vervelen*

Het oude hotel was bezet tot aan de vliering,
Dus moesten ze alweer naar zo'n pensionnetje
Dat van de poetsdoek leeft, de Spiering
En de Windbuil, de laatste een tonnetje,

De eerste (heden nog toe) de lange Hellevoogd.
En zelden zag je zulke goeie vrienden, waar
Je ook keek, en toch zo kras van dialoog.
'Ik ben moe,' verzuchtte de Windbuil, 'maar

Ik kan niet slapen. Geef me wat te lezen, baas.'
De Spiering legde, daar was hij niet te beroerd
Voor, een boek op tafel. Voor zijn neus. Helaas,
Na weken stond het boek nog steeds onaangeroerd.

11 *Waarin de Spiering en de Windbuil naar huis teruggekeerd zijn, alwaar eerstgenoemde een diender met tochtlatten, zonder succes, het bos instuurt*

'Nee mijnheer, ik kan u niet betalen,' zegt
De Spiering, toen 'n diender stond te steigeren
Aan zijn deur. 'Ik heb alles weggelegd,
Want ik kan de Windbuil niets, niets weigeren.'

De Windbuil had zich verstopt, zelfs torenhoog,
In de gang op een kast, en hield zich doof
Zolang de diender sprak. Hij had een doorn in 't oog
En twee sinaasappels op zijn ronde hoofd.

'Nee mijnheer, ik kan u niet betalen, hoe
Moet ik eten kopen? 'n Week heeft hij gevast,
Gevást, zeg ik, en hij is ziek en moe.'
Mét valt de Windbuil gierend van de kast.

III *Waarin de Windbuil in het holst van de nacht een bezoek brengt aan de Spiering, die inmiddels een eengezinswoning heeft betrokken*

'Ga je weer gek doen?' vraagt de Spiering beducht
Als de Windbuil hem 's middernachts bezoekt.
'Ach, het regent zúlke pieken uit de lucht
(Heden nog toe, wat regent het).' Met een vloek

Pookt hij de kachel op – met onheilszwanger
Geronk begint het te leven in zijn haard.
'Wat wil je zo laat nog?' 'Wat is, lange,
De lotsbestemming van de mens op aarde?'

'Dat is toch alles kul. Dat moest jij weten.'
'Jawel, Spiering, jawel, maar doe met een wóórd
Een duit in het zakje.' En, voor de haard gezeten,
Brengt hij een verdacht produkt van conversatie voort.

IV *Waarin verteld wordt van de liederlijke dromen van de Spiering, die welstaanshalve de slaap het liefst afgeschaft zou zien*

Soms heeft de Spiering zulke vuige dromen...
Dan denkt hij: hoefde ik maar niet te slapen,
Dan zou mij al die rompslomp niet dwarsbomen.
Wat minder nacht, en ik wat meer rechtschapen.

(*Was het maar vrolijker.*) Als het nu dag
Zou zijn had ik, mijn hemel, niet zo'n droom:
Dat die bloem daar in je reet geen bloem mag
Zijn maar een hazelstruik, nee een pereboom.

De onvertogen gesprekken die ze hadden!
Wat is een bochel? Een bochel is, bondig
Gezegd, 't hoogste wat je bereikt op de ladder.
'Zo van de glijbaan af in zijn kont.'

v *Waarin tenslotte verteld wordt over de wandeling van de Windbuil en de Spiering naar de heuvel, waarvan geen terugkeer mogelijk is*

Ze hebben weer eens ouderwets gelachen, toen
Ze in de auto zaten, rijdend naar het veld.
Over, eh, delftsblauwe passies en, jasses, fatsoen,
Alles even smakelijk en kunsteloos verteld.

Met veel tegenzin stapten ze in de kou
Waar ze naar de top eens heuvels gingen,
Lopende. Owee. Hóóg werd de stemming lauw,
De melk werd ganzewijn, de Spiering, die ging zingen.

(*De stemming werd na maanden zelfs zeer desolaat.*)
De boomgrens waren ze al langer dan een jaar
Voorbij, de Windbuil beefde van angst en zei, laat
Mij toch slorpen van dat rode, dat rode daar.

II ALLE VLEES IS ALS GRAS OF
HET KNEKELHUIS OP DE DODENAKKER

PROLOOG

Zucht naar lof was nimmer mijn roersel; tussen
De boeren sta ik en niet onder Horatiussen.
Dat Gerrit Komrij dit dichtte, was niet uit zelfvoldane
Schrijflust, maar uit eerbied voor stille weduwstranen.
Zijn wij geen vat des doods? Wie zich beter mocht wanen
Verzoek ik, mits uiterst gepast, mijn r..t te kussen.

oefening in funeraire platitudes

'Wat doodalleen zijn wij,' denk ik, 'wat giert de
Bulderbast om 't graf.' 't Is ál verloren werk...
Te zien hoe ijdel hier zijn hulsel rentenierde...
Het is mij droef te moe. Des ochtends, in de kerk,

Toen hij begraven werd ('t is jaren her) dacht
Ik: de Dood komt met violen. En ik verkoos
Bij U verzameld te worden. En ik verwachtte
't Allerinnigst, dat was vreugde voor altoos.

Doch nu, nu ik u zie... Enkel de huivering
Resteert, en 't tempeest. Het is mij akelig.
'Wat is dit voor een godverlaten lotverwisseling,'
Denk ik bedremmeld. Luider klinkt uw lach.

Is niet de kist de voorruste des grafs?
Of blijf je werkzaam, maar in het geheim?
Turen je ogen dan de wanden af,
Al zijn het bellen memelig, maaiig slijm?

Het laatste is waar: toen ze je kort geleden
Begroeven voelde je je ogen breken
En hoe ze prompt iets heel bijzonders deden.
Verdomd, ze leken dan wel uitgekeken

Maar *staken* nu door alles heen, op slag.
't Is te verschrikkelijk het mee te delen.
Je zag de hemel gloeien. En de dag
Zoog zich naar binnen, wit, door duizend stelen.

tot zijn verzamelde vrienden:

Wacht u voor de gemene dood. Het bot
Verliest zijn fierheid. Benen hangen zwaar
In ijle lucht. Mij wacht hetzelfde lot
Als pier, als kemel en als ooievaar.

'Je hoort de stem des drijvers niet meer grommen,
Het kwaad zal je niet naken...' Je besproeit
Mijn steen met tranen als ik, een doofstomme,
Door Charon naar de schimmen word geroeid...

Dat zeg je. Domme troost. Ik ga in wrok.
Bewaar je tranen maar. Vergeet je fraaie
Genegenheidsbetuigingen *ad hoc.*
Ditmaal ga ik niet gaarne pierewaaien.

danse macabre in onhandige trant

Hij heft, van tafel opstaande, het glas.
Zijn ogen dwalen door het danslokaal,
Geestrijke ogen. Even houdt men pas
En adem in, terwijl hij spreekt: vrolijke taal.

Daarna begint het weer van voren af aan,
En–niet de Schotse drie! Men neemt de kortste
Weg van fles naar strot. Hij blijft terzijde staan.
De dans duurt nog als hem het nieuws gebracht wordt:

Op fluistertoon. Op de viool na stokt
De muziek. Hij spoedt zich heen. Je hoort de bommen
Die op de gang ontploffen. Nog een slok
En nog een dans, wat kan het ons ook verdommen.

niet minder geijkt

Ze zeggen dat je, als de blaren vallen,
Met de treurnis één wordt, en de
Zwarte zweep van de dood hoort knallen.
Er is zeker nog niet genoeg ellende.

III DE DOEM DER MAAGSCHAP

Je was jong nog, toen jouw zuster stierf.
Zij was niet bijster bij haar positieven.
Maar goedlachs, ja–als 'n heel kleine dief
Bracht je 's nachts water, haar ten gerieve.

Zij zat dan monkelend in een blauwe zorg
(Je ziet nog de kleur temet, 't sluimerkussen
Was kleurloos), dronk het water gorgelend
En joelde jou blazend aan (je was intussen

Neergestreken op een taboeret, al wachtend tot
Ze zwijgen zou). Een tijd bleef ze je aangapen,
En zei nog: "t Is volbracht.' Je dacht: 'God,
Wat een mooie volzin om mee in te slapen.'

DE VLECHTEN

Je heette Jopie en had lange vlechten.
Daar trokken ze je op het schoolplein aan.
Je wilde dan zo graag dat je kon vechten,
En dat je eens zo'n naarling kon verslaan.

O, had je maar een broer! Heel groot en sterk!
Die zou toeschieten en met rake tikken
De kop bewerken van de nare vlerk
Die ervandoor ging met je bonte strikken.

Je had zo'n broer niet, maar je zon op straf.
En daarom, om de deugnieten een loer
Te draaien, knipte je je vlechten af
En werd, op zekere dag, je eigen broer.

Er zijn een zevental mensen die je kwellen
In je stamboom, en hoewel je aarzelt 't te zeggen
(*Van zes is er bij voorbaat niets te vertellen*)
Wil je wel wat van die ene uitleggen.

Dat was een oudoom, een heel magere man,
Die leek op een flageolet. Hij had ook 'n snuit
Die net een trechter was (*dat heb je ervan:
Als je eenmaal begint, kom je er niet onderuit*).

Bij donker weder is die oom gestorven.
Hij zakte langzaam in elkaar, op straat.
Daar lag hij lange tijd, als een bedorven
En achteloos vertrapte karbonaad.

Je had 'n vreemde tante (laat nu, o god, de hele
Familie maar de revue passeren), die steeds twee
Tassen droeg, eentje waarin ze ontelbaar vele
Vruchten zeulde, hetzij peer, framboos of kwee,

Een andere waarin ze, mysterieus doende,
Verborg wat kinderen niet mochten weten.
Wat waren wij nieuwsgierig! Ja, toen de
Tante eens absent was, hetzij om te eten

Of om te slapen, speurden we zolang rond, tot
We het tasje vonden, vol bloedspikkels en rooie
Spatten. Daar ging met een tangetje 't slot.
Erin lagen twaalf haarlokken van dooien.

IV IDYLLEN VAN DE ACHTERPOORT, GEVOLGD DOOR EEN TWEESPRAAK

Je ging, gezeten in een emmer, naar een
Zekere streek op reis, waar enkel grote,
Pokdalige dokters en goede heelkruiden waren.
Dat was een reis, die je nooit heeft verdroten.

Je was immers een emmer vol ziekte. Ja,
Een door en door krank vat, en je zocht
Beterschap. Er vloog jou een regen achterna
Van scheldwoorden van het grauw. Maar toch,

Je zocht beterschap, al het krapuul ten spijt.
En waarlijk, je kreeg hoestsiroop, en vond
Een heilzaam gewas, genas, maar sinds die tijd
Kreeg je de emmer nooit meer van je kont.

Er werd (waar wel precies, dat weet je niet) eens
Een schat verborgen in een beerput, waarnaar
Jij nu zoeken moet, door alle gierkuilen heen.
'n Smakelijk werk is het geenszins, nee, maar

Je móet het, 't heeft je ooit iemand gezegd,
Die je een wichelroede gaf, een hokus pokus-
Ring en dergelijke meer. Je zit dus zogezegd
Daarmee een leven in de stront gedoken.

En zou het baten of je je verzet en mort?
Je moet maar voort. Het uitzicht maakt (met mate,
Helaas) je tocht de moeite waard: je wordt
Nog eens omringd door duizenden aarsgaten.

Van deze bruine kast met zestien laden
Mag niemand weten wat erachter zit.
We gaan de kamer uit, verheugd de paden
Op de lanen in, en kijk eens wie daar zit:

O'Henry op een eikeboom. 't Is vreselijk
Kort dag, we hebben haast, en daarom groeten
We hem en lopen door (*vergeet de kast!*), stuk
Van de doornen en met stront aan onze voeten.

Volledig uitgeput geraken we tenslotte
Aan zilte oevers, waar geen bomen groeien.
We voelen, angstig, onze hoofden botten.
We krijgen horens! Hoeven! Staan te loeien!

A

Waarom pronkt die Komrij toch steeds zo banaal
Met die verborgen bedoelingen? Z'n verhalen
Getuigen waarlijk van Schraalhans' brabbeltaal
Met een ijselijke inslag van het anale.
't Zijn koekoekszangen waar ik niet om maal.

B

't Zijn lege spelen, Mijnheer, 't is voos geklater.
En wat te zeggen van z'n malicieuze
Dédain? Hij verbeeldt zich op sterk water
Te schrijven tussen literaire gazeuse.
Zo'n hoogmoed bewaart hij maar voor later.

V MENGELWERK

DE DOOD ALS VAAS

De dood is als een vaas, waarin je valt;
Een mooie vaas, een kelk, om zo te zeggen.
Hij heeft een slanke hals en een gestalte
Waar iemand heel wat eer mee in kan leggen.

Oranje is hij, met een zwarte rand
Die niets van treurnis heeft en, weet je, ook een
Pikzwarte voet–dus aan de onderkant–
Daar zwarten met oranje zo mooi stroken.

Om 's hemels wil, dat is een mooie vaas:
Een vaas vol dagscheer nog–weldra gevuld,
Zo hoop je, met je botten. Maar, helaas,
Geen mens zei nog: *Val dood.* O, ongeduld...

Je liep met Jezus door de Kalverstraat.
(–'Wat een infaam idee! Dat is niet mooi!')
(–'Een grapje op zijn tijd, dat kan geen kwaad.')
De etalages vond Hij maar een rommelzooi,

Dat las je in Zijn blik. 'Wel grote griet,'
Zei Hij, toen Hij op de stoep bij Zumpolle stond.
(–'Laag bij de grond is het! Zoiets zegt Hij niet!')
'Smakeloos,' zei Hij, 'er gaat je een afgrond

Open. Wat zeg jij daarvan? Niets dan wansmaak
Toch?'–'Ik vind 't stuitend lelijk. Beunhazen
Zijn het. 't Is trouwens van een jood, die zaak.'
'Mmmm,' zei Hij, ''t zou me niet eens verbazen.'

DODENPARK

We wandelden des avonds door de tuinen
Van het crematorium; achter heg en hazelaar
Stond laag de vroege maan; ik at wat kruimels
Van mijn vest en jij genoot van een sigaar.

Je dacht wellicht aan zeer bezwete negers
Op hete plantages in de weer. Ook aan
Je gezicht meende ik zoiets af te lezen.
Ikzelf keek door de heg naar de maan.

We spraken niet. Wat viel er ook te zeggen?
We dachten maar aan een maan en aan zweet.
O, nergens heerste er ooit zo'n rust. Slechts
Af en toe klonk uit een urn een kreet.

Toen de fanfare op een ochtend aan je deur
Voorbijtrok, net toen je wakker werd, dacht je:
'Kijk, het is goed.' En er stroomde een keur
Van voortreffelijke sappen door je hachje.

'Nu moet ik wieden,' voelde je, 'en zaaien.
En poten ook.' Je nam je beste schoffel
Uit het rek en ging, op klompen, je fraaie
Struiken op je vensterbank opdoffen.

'Daarna een frisse neus gehaald,' maar toen
Je buiten was, en voor je deur een jongen
Zag, haast een leproos, en stinkend naar schoen-
Smeer, zijn je de tranen in de ogen gesprongen.

Het is of je een commode op je rug draagt,
Zo'n rotdag. En als je je rug wilt strekken
Valt la na la eruit. 't Is godgeklaagd,
Je zit verdomme vol met bonte plekken.

Daar ga je weer; de laden kalm oprapen
En, hopla, in je rug–maar dat zit goed
Zolang het duurt–verdraaid, krijgt 't ape-
Zuur, ze donderen weer neer, voorgoed.

Te erg is het. Laatst zag je iemand, die
Zijn kast van voren droeg, net als een mars-
Kramer, maar dan toch wel een slimme. Stie-
Kem had hij haar gelijmd, je zag geen barst.

Je stopt twee anjelieren in je oren,
Zet een blikken muts op en gaat, fluitend
Van tierelier, het gelaat nog ongeschoren
En met twee leren laarzen aan naar buiten.

Traag dalen uit het zwerk grote droppels
Omlaag. Het is een *waterige* dag.
Snel gaan je anjelieren naar de knoppen.
Maar op je lippen klinkt geen klacht, geen klacht.

O nee, je galmt en zingt uit al jouw macht.
Ook dans je, met een akelig geduld,
Een walsje op de stoep, terwijl je lacht
Uit volle borst, met schuimrubber gevuld.

Mevrouw haat mannen die haar met hun blik
Verslinden en haar niettemin laag aanslaan.
Zij toeft graag daar, waar met een hoofse knik
Haar slappe vlees gehuldigd wordt door maan-

Zieke artiesten, die in haar gelaat waarderen
Dat het nog steeds van Voren Boven ligt.
Of ik, zo vraagt ze, ook vind dat deze wereld
Geenszins de echte is? En of ik Hans' gedichten

('Die zachte Hans!') niet groots, experimenteel
En kosmisch acht? Ik antwoord met een glunder,
Doch strak gezicht: 'Mevrouw, ik ben uw tegendeel:
'k Hou meer van spier- dan van gedichtenbundels.'

’T FIETSPOMPJE

Je zou gaan fietsen als een kind van zeven.
Een ‘rijwiel’ heette ’t, dat vond je eerst wel
Vreemd, om zo’n heel andere naam te geven
Aan wat een fiets is. ’t Mooiste was de bel,

Die tingelen kon, als je een hoek om wilde.
Maar dat mocht later pas. ‘Blijf in de straat,
En trek je jas aan, ’t is te koud.’ Ik rilde.
Wat deerde mij dat in mijn rijdersstaat?

Ik heb nadien, van accident tot total loss,
Zo menig stalen paard versleten; er zullen
Er niet meer volgen, want mijn bel zit los,
Mijn pompje kan geen band meer vullen.

IK HEB GODDANK TWEE GOEDE LONGEN
(1971)

Das Herz ist weit von dem, was eine Feder schreibt.
Wir dichten im Gedicht, dass man die Zeit vertreibt.
In uns wohnt keine Brunst: ob schon die Blätter brennen
von manchem Flammen Wort. Es ist blosses nennen–
SIGMUND VON BIRKEN

EERSTE STUK, OVER DE PASTOOR VAN OUDETONGE

Je schijnt pastoors te hebben die niets geloven.
Wie weet wordt dat slechts door kwade tongen
Beweerd en kan ik het vuur van de laster doven
Door te vertellen van de pastoor van Oudetonge.

Hij liep door zijn tuin en liep wat te dromen
En bekeek, om de lange tijd te korten,
De gesteldheid van zijn talrijke bomen,
Tot hij zag hoe zijn pereboom verdorde.

Hij sprak toen: 'Ik hou voortaan geen preek meer,
Ik predikte het sterven meer dan mij lief is.
Nu wordt mijn pereboom mijn preekheer.'
Kort daarop stierf de pastoor aan typhus.

Je schijnt pastoors te hebben die niets geloven.
Wie weet wordt dat slechts door kwade tongen
Beweerd en kan ik het vuur van de laster doven
Door te vertellen van de pastoor van Oudetonge.

Hij liep door zijn tuin en liep wat te dromen
En bekeek, om de lange tijd te korten,
De gesteldheid van zijn talrijke bomen,
Tot hij zag hoe zijn pereboom verdorde.

Hij sprak toen: 'Ik hou voortaan geen preek meer,
Van sterven predikte ik steeds ter lering,
Maar nu wordt mijn pereboom mijn preekheer.'
Terstond stierf de pastoor aan vliegende tering.

Je schijnt pastoors te hebben die niets geloven.
Wie weet wordt dat slechts door kwade tongen
Beweerd en kan ik het vuur van de laster doven
Door te vertellen van de pastoor van Oudetonge.

Hij liep door zijn tuin en liep wat te dromen
En bekeek, om de lange tijd te korten,
De gesteldheid van zijn talrijke bomen,
Tot hij zag hoe zijn pereboom verdorde.

Hij sprak toen: 'Ik hou voortaan geen preek meer,
Ik hield de stervenden steeds ver van de Boze,
Maar nu wordt mijn pereboom mijn preekheer.'
De pastoor stierf schielijk aan tuberculose.

Je schijnt pastoors te hebben die niets geloven.
Wie weet wordt dat slechts door kwade tongen
Beweerd en kan ik het vuur van de laster doven
Door te vertellen van de pastoor van Oudetonge.

Hij liep door zijn tuin en liep wat te dromen
En bekeek, om de lange tijd te korten,
De gesteldheid van zijn talrijke bomen,
Tot hij zag hoe zijn pereboom verdorde.

Hij sprak toen: 'Ik hou voortaan geen preek meer,
Veel predikte ik steeds van sterven–nu stel
Ik mijn pereboom maar aan tot preekheer.'
Snel stierf de pastoor aan een bloedgezwel.

Je schijnt pastoors te hebben die niets geloven.
Wie weet wordt dat slechts door kwade tongen
Beweerd en kan ik het vuur van de laster doven
Door te vertellen van de pastoor van Oudetonge.

Hij liep door zijn tuin en liep wat te dromen
En bekeek, om de lange tijd te korten,
De gesteldheid van zijn talrijke bomen,
Tot hij zag hoe zijn pereboom verdorde.

Hij sprak toen: 'Ik hou voortaan geen preek meer,
M'n heilige oliesel was steeds een débâcle.
O Pereboom, nu zijt gij *mijn* preekheer.'
Nog dezelfde dag lag de pastoor voor mirakel.

cetera desunt

TWEEDE STUK, ONDER DE TITEL EEN STRAATJE OM

1

Je gaat niet graag de straat op—als je 't
Toch doet moet het weer niet
Aan de koude kant zijn maar ook niet te mooi.
Alles moet vooral heel onopvallend gaan.
Kleine passen neem je, je holt
Nooit en kijkt geen sterveling aan.
Was 't je al eens niet overkomen dat je,
Toen je wat rondkeek, een uitbrander
Kreeg van een reusachtige dame, een
Salamander in omstandigheden?
Ook moet je er keurig uitzien als
Je buiten bent, een kleurige das, pas
Gepoetste schoenen, een cyclaam
In je knoopsgat, drieëndertig tressen
Op je mouw, je laatste recensie gevouwen
Tot pochet. Voorts een vrolijk hoedje op,
Wollen wanten en een dwarsstreep over
Je broek. De kleur voornamelijk zwart.
Een wandelstok met drie gekrulde slangen:
Een onbekende die uit wandelen gaat.

2

Het eerste wat je zag in de stad had
Je nog nooit gezien, het tweede
Zag je wel vaker en het derde was je
Weer geheel onbekend: het tweede
Deed er dus niet toe, en omdat het
Eerste en het derde wat je zag dezelfde
Vreselijke voorvallen
Waren, valt het beter te vertellen.
Je had meteen al kippevel, want
Vlak voor je kwam een man, krijsend, de grond uit
Wellen. Zijn gezicht was wel geschoren,
Maar dat was alles. Uit zijn oren
Spoot bloed, ijskristallen hingen aan zijn
Neus, hij zag er keurig uit, een kleurige
Das, een pas gepoetste bril, een cyclaam
In zijn knoopsgat, en betrekkelijk onverrot
Tot aan zijn bil.

‘Je bent te bemoeizuchtig,’ zei
Hij mij, en ik beaamde dat,
Heel mak.

Maar zelf was hij nieuwsgierig! Hij
Liep alsmaar met een sleutelgat
Op zak.

'Ik kom eens wat rondneuzen,' zei hij, maar toen
Dat was gebeurd wilde hij, dacht je, de spot
Met je drijven. 'Ik heb,' zei hij, 'een schoen
Uitgevonden, die dienst kan doen als mascotte,

Want als je die draagt zal je niets overkomen.'
('Wat een fantast!' dacht je. Terzelfder tijd zag
Je de nimbus om zijn hiel.) 'Ik heb 't niet dromend
Bedacht,' ging hij voort, 'nee, op klaarlichte dag.

Ik kreeg het als het ware ingegeven.' De angst
Bekroop je en door je tenen trokken symptomen
Van pijn. Je was zijn nieuwsgierigheid allang
Vergeten en voelde je door zijn schoen genomen.

’t Begon eerst zo onschuldig; toen we met onze
Stoet van kisten de stad doortrokken, zag
De lucht nog helder, we konden het gonzen
Van bijen horen op een doordeweekse dag.

Rondom lette niemand op ons, en dat terwijl
De verhuizersschare een man of honderd
Groot was, met een eender aantal in zeil-
Doek verpakte containers. Daarop, zonder

Dat we er erg in hadden, vluchtten, hals over
Kop, de mannen ons nieuwe huis binnen. En *in*
De woning gekomen zagen wij het ook: ’s Boven-
Buurmans geil sijpelde door de zoldering.

We stonden als potplanten op de straat.
We spraken. Rondom toeterde het verkeer.
We hadden het over de desolate
Herfstluchten van weleer. Er kwam een heer

Aan die zijn hand ophief. Een ganse vaat
Viel van driehoog rinkinkend op ons neer,
Alsof men dacht: lawaai komt voor de baat
Uit. Wij behandelden het weer.

De hele wijk trok tegen ons van leer.
Wij handhaafden goedmoedig onze staat
Van conversatie, over de geur van teer,

Over de prijzen, over de dreigende praat-
Jes, iedere ochtend in de krant. Al veer-
Tig agenten liepen zich uit de naad.

EEN BOODSCHAP

Je gaat de stad in om een schemerlamp
Te kopen, want het is in huis altijd
Te donker of te helverlicht, een ramp
Voor wie als jij houdt van gezelligheid.

Daarom geef je je ogen goed de kost
Totdat de prijs en ook de kwaliteit
Je kan behagen. Alstublieft. Je torst
Als een tevreden dwerg (*heb jij een bof!*)

Je enorme champignon van lampekap
Al sloffend huiswaarts, o zo nonchalant,
Waar je verdieping (*wat een valse grap*)
Inmiddels tot de grond is afgebrand.

DERDE STUK, NATUUR LIGT IN DROMEN VERZONKEN

Je hebt goddank twee goede longen, want als je
Rookt dan piep je niet. Je hebt ook een goed hart
Daarbij, want dans je voor je bed een walsje,
Dan voel je je, dolgesprongen, niet benard.

Je hebt immers een zeer fijne neus voor vuile
Lucht, en slinks bespoten snijbonen en sla.
Om het zemelloze kadetje kan je huilen,
En je grijpt zesmaal 's daags naar de tandpasta.

Doch iedere avond laat hoor je, als verlamd,
Weer die stem die je zegt dat je in alles faalde,
En: 'Beter een half uur gelukkig in de zwaveldamp
Dan tien jaar maf tussen de dennenaalden.'

Je hebt nu een 'toiletverfrisser' ontdekt–
Met trekautomaat!–die ruikt naar warme
Ranja zonder prik als je eraan trekt.
Daarbij vergeet je warempel je darmen.

Zo rook de ranja ook die je als kind
Dronk, rustend tussen carrousel en schommel
Van uitspanning 'Weltevreê', op het grind,
Op het gras. Nu, als je maag weer rommelt

En je gaat zitten, en je trekt aan 't odeur-
Gevaarte, en het kamertje vervult
Zich met die dubbele, bloedlauwe geur,
Dan ben je in nevelen van geluk gehuld.

SOLIDARITEIT

Op zekere dag zag je een groenteboer,
Een wondermooie maniak; hij was gewoon
Om alle vrouwen in zijn zaak een loer
Te draaien: hij verkocht ze groente, schoon

Van buiten, maar van binnen enkel schimmel.
O, niet alleen die vrouwen gaf hij dat
Maar ook de doetjes en de boerenpummels,
Kortom, aan wie hij maar een hekel had.

Je lachte. Hij bemerkte je plezier
En knipoogde. Hij zag een kameraad
In je, zoveel was zeker. Een kwartier
Daarna stond je met rotte lof op straat.

'Attar of Roses!'

Een soort van goddelijke bries was
Het nu niet bepaald, wat
We daar roken, toen hij in onze
Nabijheid kwam. Wel, we zagen
Niet op een aroompje, maar dit was
Waarachtig te bar. Hij stonk zó
Erg naar iets wat we niet thuis
Konden brengen of naar iets wat
Ons heel duidelijk herinnerde
Aan iets–maar wat?–dat wij
Vertwijfeld onze neuzen hadden willen
Toeknijpen, als dat mogelijk was geweest.
Maar 't was niet mogelijk, beleefdheids-
Halve of anderszins, 't is je ontschoten,
Het was gewoon onmogelijk. Je moest
De stank doorstaan. Maar voortaan
Weet je-n-'t: de Stinker is onder ons.

VIERDE STUK, ONDER DE TITEL IETS TREFFENDS

Er ligt een labyrint in warme streken
Dat dampt van geur van malve en erica–
De dolle kervel mag ook niet ontbreken–
Een ver van God en naast Amerika

Gelegen doolhof: heb je het gezien?
Ben je er ooit geweest? Zo nee, dan foei.
Het is een labyrint met een stramien
Dat bijna onontwarbaar in de knoei

Zit. Zij–wie?–noemen het een broeinest.
Het heet ‘Het Hol van de Zakenman
In Ruste’, maar doe je je best,
Dan maak je ervan: ‘Zwijnenpan’.

Deze man gooit tuba's in een trechter
Die weer uitkomt op een tunnel naar de
Hel en zelf bezit hij op zijn linker-
Wang een moedervlek zonder waarde.

Een monster zogezegd. Zo om de dag breng
Je hem een glaasje melk; iets anders
Lust hij niet. En geen moment denkt
Hij eraan je iets over zijn levenswandel

Mee te delen, of waartoe het 'gooien-maar'
Van al die tuba's dient (*heeft hij wel eens*
Een stem?). Eeuwig staat die schooier daar
Getergd boven zijn trechter, en wijdbeens.

Je zat, in je met goud bestikte *jupe*, frêle
Te wachten tot hij de theewagen binnenrolde.
Je vriendin zat naast je een boek te spellen:
Sesame and Lilies, maar telkens knikkebolde

Ze een beetje, of staarde in de gordijnen.
't Getinkel van porselein klonk in de
Keuken, zijn door jou toegewezen domein,
Waar hij zijn weg aan de ketting moest vinden.

Je vriendin schikte inmiddels 't halmabord.
Je schelde om thee (*was hij, om te beginnen,
Maar niet als zo'n hengst op je neergestort*)
En rammelende kwam hij de kamer binnen.

Hotel 'De Ponderosa' was, de eerste weken
Na de opening al, een trefpunt van bandieten.
Het wemelde er waarachtig van de bleke
Gezichten en menig gezicht om op te schieten.

Toen jij de tweede week daar binnenkwam
En om een bed vroeg bij de receptionist,
Sloegen veertien boevenknuisten je lam
En legden je ter ruste in een dekenkist.

O zeven boeven! O verduisterd bed!
O schoelje, o ledikant! Bijna om zeep
Geholpen was je. Bijna. Daarom zet
Je hier, *voorlopig*, een gedachtenstreep–

Opeens zag je de slangen overal kruipen,
In je gordijnen en over de vensterbank.
Hoe ze ook je disgenoot de stuipen
Op 't lijf joegen, ze maakten jou niet bang.

Je zag immers nog veel meer—een glimkever
Bovenop je radio, een doodsklopper onder
Je tafel—ook *zij* lieten je niet beven.
Libellen zag je ook. Maar toen—o wonder!

Een grauwzwarte mier begon te spreken
Met een ijzig stemmetje, dat op geschrei
Leek. En ze zei: 'De wittebroodsweken,
Ze zijn nu aangebroken voor jou en mij.'

VIJFDE STUK, ZES GEDICHTEN WAARONDER EEN ACROSTICHON EN EEN VILLANELLE

'k ben een Sinieesche weeze, een weeze vol ellende...'
G. Gezelle

Je had jezelf nog wel zo voorgenomen
Om *nooit meer* een 'gedicht' te schrijven,
Tot je het wéér naar boven voelde komen
En niet van het wit vel af kon blijven.

't Was bijna of de zon scheen in de nacht,
En of je lachte omdat je moest huilen.
Je pennehouder kreeg een zachte vacht
En danste over 't vel op gouden muilen.

Er welde uit je borst een Hogere Zucht.
Je ribben werden als verchroomde velgen.
Je was een dichtcoureur, en op de vlucht
Voor honderdduizenden hardtrappende Belgen.

OP EEN VAAS VAN EMILE GALLÉ

Zo'n heel mooie vaas, je
Schrikt ervan. Klaprozen en
Viooltjes rezen op, uit
Een turkooizen voet van
Doffer glas.
Naar boven klom, als om een
Porfieren zuil, 't plantaardig
Schoon.
'Mais, avant toute chose,'
Las je,
'J'aime, au coeur du rocher,
La petite fleur rose,'
Een vers van Gautier.

Dat wil zeggen, alleen roc
En rose staat er nog, want
Je vond enkel een brok-
Stuk terug in het kolenhok.

Ga eens uit wandelen in het Spanderswoud
En loop er ontspannen tussen de sparren.
Rek er de tijd, alsof je die herkauwt.
Rustig, bedaard. Wees er eens minder star en

Ingehouden dan in het dagelijks leven:
Tien tegen een dat je de Geest tegen-
Komt, die door het bos bleef zweven,
Ook toen de Welvaart kwam met haar Zegen.

Maar denk niet dat je met hem praten kan.
Rillend zit hij, een godverlaten kwant,
In de hoogste boomtop, daar luid blatend van
Joehoe, met een schuimspaan in zijn hand.

Je vraagt je af waarom je altijd maar
Moet helpen, je witte schort voor, in je
Hand een ondersteek, en luisterend naar
Een strenge, blonde man met een insigne.

Die is, zoals men zegt, de directeur
Van 't hospitaal. Je rent, met tegenzin,
De gangen op en neer om uiterst keurig
Zijn chique veestapel te voorzien van een in-

Jectie. Eens bij 'n ziekbed, toen de blonde
Tiran niet keek, deed je een kleine
Hoeveelheid suiker als surprise in 't ronde
Deel der spuit. *De naald straalde van venijn!*

JE KAT

Vanmiddag gaf je je kat een kopje en likte haar
Staart schoon, toen ze plotseling naar je opkeek
Zoals je daar op je knieën zat, en merkbaar
Aangedaan zei ze: 'Jongen, wat zie je bleek.'

Ze merkte niet meer hoe je naar haar terugkeek.
Ze kneep haar ogen toe en legde haar kop
Plat over haar voorpoten heen. Even streek
Je haar huid nog glad en hield toen verslagen op.

Tuberculeuze muziek dreef door het huis en
Je voelde je kleiner worden–onverwacht
Werden haar poten zo groot als leidingbuizen
En lag je verschrompeld tegen haar vacht.

VILLANELLE VAN DE MISTROOSTIGE SPEELMAN
(zangwijs verkrijgbaar)

Het valt waarachtig niet mee
Om zo te moeten leven:
Neerslachtig en toch tevree.

Je hebt bijvoorbeeld de pee
In en plezier om 't even.
Het valt waarachtig niet mee.

Het is alsof je per se
Gedoemd bent tot dit scheve
'Neerslachtig en toch tevree.'

Je hebt een klavier vol wee
Waar dansklanken uit zweven.
Het valt waarachtig niet mee,

Zo te *beboppen* in de puree.
Klonk het maar overdreven:
Neerslachtig en toch tevree.

De remedie? je hebt geen idee
Wie je die ooit kan geven.
Het valt waarachtig niet mee,
Neerslachtig en toch tevree.

ZESDE EN LAATSTE STUK, GENAAMD BRUILOFTSFEEST

BRUILOFTSFEEST, ZEVEN UUR

Dat 't feest beginnen zou, dat stond wel vast.
De ouders waren niet voor niets gekomen
In 't beste pak. En nagenoeg iedere gast
Torste 'n geschenk: een zout-, een room-, een

Mosterdstel of een afstotelijke vaas.
Er was er een, die las 'gedichten' voor.
Een ander, met 'n quasi kritisch waas
Voor 't oog, deelde pamfletten rond. Hoor,

Hoe men uit honderd kelen ranzig lacht!
De bruid staat er met overkuise droom-
Blik bij te kijken en denkt zacht:
'Lag ik maar vast te naaien in ons *home.*'

Het onkruid van de broodjes is gewied,
De koffie woekert echter nog. 'Naatje,'
Roept een ver familielid, 'valt er dan niets
Te zuipen?' Jawel. Eerst wordt een plaatje

Opgezet, van vroeger, dus gevoelig.
De tap gaat open, en daarop de flessen Meder.
Gemeen gekleurde likeur zorgt voor de spoeling
Der logge dames, die zich van lieverlede

Steeds hergroeperen, kletsend over de bruid.
Eerst dan vangt het gehuurde strijkje aan.
Het bruidspaar kijkt tevreden voor zich uit.
Zij heeft een frisdrank en hij heeft hem staan.

Haar sluier stond nog altijd even strak,
Doch 't feestgedruis had zich vermenigvuldigd.
Ze streek met haar geleende taf vlak
Langs een tafel, waar men liederen brulde.

Er waren ook gezelschapsdansen. Haar vrij
Bijziende zuster hoste mee. 't Gebruik
Wilde dat zo. Haar regelzieke vader zei
Iets, maar 't werd niet verstaan. Buik

Aan buik gedanst werd er ook. Haar
Moeder zat er kwijlend bij en genoot
Van haar witte doodsjurk en 't gebaar
–Twee vingers, duim–van haar jonge echtgenoot.

Toen, na het bruiloftsfeest, de allerlaatste gast
Vertrokken was, vol proletarisch bier en
Zoutjes, greep hij haar eindelijk ferm vast,
Voelde zij eindelijk zijn mannenspieren.

De gast keerde terug. Hij had zijn tas
Vergeten, zijn pamfletten. Heel zijn baard
Was nat van 't schuim. De overdadige plas,
Die hij in blaas en nier had opgespaard,

Liet hij nog glazig lopen. Daarop verdween
Hij, met een opmerkelijk zatte gratie.
De bruidegom greep haar toen bij de benen.
Haar schaamlippen stonden bol van de sensatie.

TUTTI-FRUTTI
(1972)

"NB. *De mottoos zijn in de maak.*"
BRAGA

Eer maakt men lakens wit met inkt,
Eer speelt men schaak met bezemstelen,
Eer vindt men nog een roos die stinkt,
Eer ruilt men stenen voor juwelen,

Eer breekt men ijzer met zijn handen,
Eer zal men stijgen in valleien,
Eer legt men een garnaal aan banden,
Eer leert men geiten kousen breien,

Eer plant men bomen op de weg,
Eer zal men kakken in zijn hoed,
Dan dat ik u mijn ziel blootleg
En zeg wat ik thans lijden moet.

Als je maar lang genoeg blijft zitten, komt
Het vast voorbij; hoewel: het is niet zeker.
De menigte is op voorhand wél verstomd
En ziet van dag tot dag bleker en bleker.

Dit zijn de gala-dagen van de apothekers.
Droog is 't gelukkig wel: dus tegen vocht
En plensregens ingerichte undertakers
Verdienen niets aan de nakende optocht.

Had je er maar niet zo erg op gerekend.
Was je ook maar niet zonder meer zo stom
Maanden gaan wachten op iets onzekers.
Je weegt al geen vijftig pond meer, verdomd.

De jongen met zijn blauwe huid, zijn dieren-
Hoofd is eenzaam. O, zo erg alleen. Jaren-
Lang zoekt hij nu al naar wat vertier en
Naar–neen, geen geluid van zang of snaren–

Maar naar iemand om hem te evenaren
In wat zijn *fort* is: het onbekommerd
Opzeggen van cijfers, het onverbeterbare
Berekenen van meterslange sommen.

Maar voor zo'n jongen zijn geen tovenaren
Zo gek te vinden, dat ze zeggen: 'Ja,
Wij komen in ruil voor een doos sigaren.'

Onze ramskop staat het huilen vaak na,
Hoewel hij dus niets meer dan een huwbare
Juffrouw zou willen in bezit van algebra.

Bij avond wordt het bos zo heel, heel anders;
Het krijgt de kleur van hoge herfsttijlozen.
De bomen lijken op grijpgrage handen
Of, als je goed kijkt, op bijzonder erg boze

Wolven, op het punt je te verslinden.
Je was een kind en het bos werd donker:
Je kon het pad haast niet meer vinden,
–O! alles was zo heel erg donker!–

Een ander kind zou zijn gaan schreien.
Maar jij niet: jij was huppelend, blij
En met een mand vol lekkers bij je
Op weg naar grootmoeders boerderij.

Vanmorgen was je zo bedonderd en bedroefd
Bij 't opstaan. Je hart reed op een lijkwagen.
Je had zo'n stemming waarin 'niets meer hoeft',
Waarin geen schijn van knusheid op komt dagen.

De koek was op, vond je, niets kon meer baten.
(Je had ook iets, nu, van een aansteller,
Want anders was je altijd uitgelaten.)
Je zou het nooit meer kunnen navertellen,

Dacht je, dat hartewee, die weedom van je.
En: opeens was 't weg. Je voelde je zelfs
Glanzen van zaligheid. Je zong van oranje
Boven en je petje stond móói op halfelf.

De reus met zijn machtige hoofd, dat
Ondanks steunberen als neus en oren
Nogal onaangenaam los op zijn romp zat,
Liep niet, zoals altijd, achterstevoren,

Maar had zich plompverloren omgekeerd
En liep als een mens. Je zag hoeveel
Moeite het hem kostte om volleerd
Te wandelen: hij keek er haast scheel

Bij. En het lukte hem niet, want zijn kop,
Zijn arreme kop, mocht wel vijftien voet
Breed wezen, zijn lijf leek op een slappe pop.
Zo'n reus komt nooit waar hij wezen moet.

LYRISCH

Wat zijn de sterren vanavond weer mooi,
Veel mooier dan de lantarenpalen, vind
Je ook zelf niet?—wat geurt het hooi,
Vooral bij 'zo'n zachte, zoele zuidenwind'.

Het zuiden! Dikwijls sta je aan 't strand,
De hand voor het hoofd (als Dorus Rijkers
Die 't nut bewees van zulk een hand,
Lang voor de opmars van de kijkers)

En droomt: alles is daar zo heel prachtig...
Je wou dat je vliegen kon als de mussen.
Je wordt er lyrisch van en: leugenachtig.
Want: *die zon en die mesjogge cactussen*!

Toen Judith terugkeerde begon haar stad
De cimbels te roeren en luid te zingen.
Maar Judith trok zich terug met haar schat:
Dat hoofd was droeviger dan alle dingen.

Zij zond haar dienstmaagden naar buiten,
Zij sloot de ramen en sloot de deuren.
Het volk mocht joelen, het volk mocht fluiten:
Judith verlangde er zo naar te treuren.

Zij zat zeer stil: uit haar grijs-bleke
Pupillen vielen regens van wee.
Pas toen ze hem eens goed had bekeken
Besefte ze dat-ie niet meer vree.

De bleke vrouw ('haar schoone pantoffelen
Hebben zijn oog weggerukt') zit te midden
Van hortensia's op een trom te roffelen.
Iedereen rondom haar staat te bidden,

De ogen dicht: zij kunnen geen zweem
Van haar buitenaardse glimlach zien.
Met een zo, zo sierlijk! gebaar neemt
Ze gezellige marsen door, 'n stuk of tien.

Zij gaan met hun gebeden voort, dwars
Door het spel heen en haar ten spijt.
Dan horen ze evenwel, als elfde mars,
Iets wat uitpuilt van angstwekkendheid.

i

Je tante Jo, die in pension ''t Leven'
Nog steeds haar eigen goede zandtaart bakt
En door het leven gaat met even opgeheven
Hoofd als vroeger, zij 't ook scheefgezakt

In heupen en in schouders ('minimaal...'
Zoals ze zelf zegt) houdt behalve van
Berliner bollen, spek en schuttingtaal,
Van dominoën.———Dominoot ze, dan

Trilt heel de tafel van haar 'Allemachtig!'
Bij het nederploffen van haar dubbele zes.
Je zwijgt maar stil, 't beste mens is tachtig
En daarbij afschuwelijk aan de fles.

ii

Je tante Jet, die steeds weer zeer bedreven
Kannen en kruiken tegen muren kwakt,
Even naast of pal tegen het stilleven,
Kijkt je zo tergziek aan of ze een kompakt

Lunchpakket móét maken van je ('kannibaal...'
Wil je roepen) in haar moderne toverpan.
Ze is bleek; vangt nooit één zonnestraal.
En mager is ze: *wel, dat komt er van.*

Toen je binnenwipte was ze net jachtig,
Ja, *noest* bezig in haar mottige neus (spes
Patriae, zei je zachtjes) met een prachtig
Doorgeroest, reusachtig lang botermes.

Er was tot aan de allerverste horizon
Geen huis als 't hare, alles was te mooi.
De geur van kamperfoelie in het salon
Werd door een elektrieke engel rondgestrooid.

De moren die de 'schalks' verhulde lichten
Droegen leken mijlen van elkaar te staan.
Er hingen niet te betalen vergezichten.
Het badwater kwam uit een gouden kraan,

Waarna 't weer druppelde in een zilveren bad
Dat op een dikke laag tapijten stond.
Daarin zat *zij:* ze kletste op haar gat
En huilde als een oude en loopse hond.*

* *Enkele andere suggesties voor de laatste regel:*
b: En vloekte alle struiken uit de grond.
c: En liet haar scheten spetteren in 't rond.

Als 't kille zonnelicht langs 't ijsvlak strijkt
Hoor je je grijze grootmoeder zacht knagen,
En als je ziet hoe zij op winterpenen lijkt,
Dan zwelgen oog en hart in welbehagen.

Wat is een mens alleen toch gauw weer kind,
Een kind met in zijn zak zoveel rozijnen,
Dat lichte-dronken wordt je ziel, die mint...
De laatste boterbloemen gaan verdwijnen.

Nu ben je boos. – Wat doet die dissonant
Daar aan de lijn met pasgewassen sokken?
's Winters ligt je grootmoeder aan het strand
En in de zomer zijn er chocoladevlokken.

Aan de H. H. Doktoren

Laatst kwam je, wandelend door de stegen
En de straten van de stad, een bleek-
Uitziende en zeer verlegen student tegen
Die je vroeg naar de Medische Bibliotheek.

Je antwoordde hem welgezind: 'Mijn waarde,
Loop naar de begraafplaats bij gene kerk
En ga daar dan zoeken onder de aarde.
Elke dode is een geneeskundig werk.'

Toen het letterkundig tijdschrift
Hem een briefje toe deed komen,
Waarin stond: 'Mijnheer, uw verzen
Waren lang niet slecht, we zullen
Er eerdaags een paar van plaatsen,'
Zwol zijn borst tot slagschiphoogte.
Heel zijn leven werd nu anders.
Hij ging doen alsof hij grote
Mensen hoogstpersoonlijk kende.
Hij zei stad wanneer jij blad zei.
Hij zei held wanneer jij speld zei.
Hij zei ach wanneer jij dag zei.
En daarvan wilde hij leven!

OP DE PLANKEN. BURLESKE
(1973)

PROLOOG

1 *Waarin we kennismaken met het wel en wee ener tragédienne*

Zizi Maelstrom was een grote vedette.
Ze trok gewoonlijk volle zalen.
Lammen, blinden, doven, die de recette
(Want ze hoefden niet te betalen)

Niet bijster hoog de lucht injoegen.
Ze speelde ook elke avond dezelfde
Stukken: 'Geheel naar uw genoegen
Of De Ontzetting van Hendrik de Elfde.'

Dan was er receptie toe. Zizi, bekaf,
Gat tóch iedereen minzaam een hand.
Haar rode pruik stak welluidend af
Bij 't groen van haar glaasje crème de menthe.

2 *Waarin de loftrompet over Zizi Maelstrom door haar zelf wordt gestoken*

Ze had hem 's morgens vroeg al om
En kon dus nooit iets memoreren
Wat op een nieuw stuk leek. Maelstrom
Was wat je noemt te oud om te leren.

Toch vond ze zich, ondanks poreuze
Borsten en wangen, ondanks haar schorre
Stem, haar waggelende tred, een reuze
Talent, en geen desastreuze lorre.

Haar mond stonk als een ondersteek.
Ze was niettemin zo trots als een pauw en
Dacht dat ze op Eleonora Duse leek.
Je kan ook nergens meer op bouwen.

3 *Hoe de geliefde toneelkunstenares de zegeningen van haar publiek in ontvangst neemt*

Toen Zizi op zekere zaterdagavond
Optrad in de boordevolle kantine
Van een theebeurzenfabriek, voor brave
Hendrikken en uitgestreken Trienen

–Ze had geen enkel succes verwacht!–ze
Deed het alleen om wat bij te verdienen! –
Ontstond na afloop de meest onverwachtse
Bijval. Uit de zaal kwam een lawine

Van voetzoekers op haar af, van zeven-
Klappers, donderbussen, een serpentine
Van zwermpotten, rotjes en een even
Goedbedoelde tweedehands schrijfmachine.

4 *Waarin Zizi op drastische wijze afscheid neemt en de proloog ten einde is*

Toen ze des ochtends wakker werd, lag ze
In een kring van braaksel, van 't zure
Soort. 't Was als gelei. Nooit dacht ze
Meer toe te willen geven aan de kuren

Van een publiek van louter wanfiguren.
Zij, die gespeeld had als de beste!
Maar ze stak, in de vroege avonduren,
Zich dapper weer in de wespennesten

En wandelde, Duse indachtig, naar
Het haar nader in een brief omschreven
Adres, een propvolle lokaliteit, alwaar
Ze de rol speelde van coloradokever.

EERSTE BEDRIJF

1 *Waarin van Sacha Culpeppers werkelijk geheel onbelangrijke misgreep verteld wordt*

Culpepper was, voordat hij Zizi zag,
Gevierd genoeg: al viel het éne stuk
Dat hij *geschreven* had de eerste dag–
Als 'groot' vertolker had hij 'veel' geluk.

Zijn stuk was al na een kwartier bekeken
Door de kritiek. Hij had niet lang getreurd:
Het had hem zelf ook nooit zoveel geleken.
Het was een spel geweest over Pasteur:

Ja, iets historisch over hygiëne,
Waarmee hij het publiek eens zou 'beleren'.
Maar zijn geliefd publiek nam al de benen
Nog voor de gastrol kon pasteuriseren.

2 Waarin we beseffen dat ook grote kunstenaars hun eerste schreden moeten zetten

Culpepper moest en zou zijn vaders sporen
–De man was kapper–volgen. 'n Capillaire
Carrière, zogezegd, leek hem beschoren.
Maar Sacha droomde van toneelpremières.

Hij regisseerde als kleuter in de keuken
De *Orestie* en stond lang met een glas
Dat Clytaemnestra heette–pang!–te beuken
Tegen een koekepan, die Agamemnon was.

En als de pan dan van het pannenrek
Terneerviel, rinkinkinkend als een gek,
Klonk blij en stralend Sacha's jammerklacht:
'Ai! Agamemnon is om zeep gebracht!'

3 *Hoe Sacha Culpepper ontdekt werd*

Als kind was Sacha ook vaak figurant,
Maar toch bezocht hij braaf de kappersschool:
Papa bracht hem voortdurend aan 't verstand
Dat in hem vast een goeie kapper school.

Hij figureerde tot hij dertig werd.
Toen kwam de dag: hij moest in zeker stuk
De rol voorstellen van een jongen, Bert,
Een jongen die zich voorthielp met een kruk,

En die doofstom was. Toen een brandweerman
Naast het toneel twaalf emmers vallen liet,
Keek *hij* niet op of om. Elk schrok ervan,
Maar hij, het wonderkind, nee, hij schrok niet.

4 *Vervolg op Hoe Sacha Culpepper ontdekt werd*

Het daverend applaus zou hem lang heugen,
Dat daarop volgde. Minzaam knikte hij,
Om het publiek te danken–in zijn vreugde
Smeet hij zijn kruk pal in de eerste rij.

Van nu af was hij een erkend talent.
Hij dronk na afloop eerst twaalf emmers sekt,
En sloot de dag daarop zijn kapperstent.
'Men had de kunstenaar in hem ontdekt!'

En nog altijd, als achter de coulissen
Alles ineenstort, en als in de zaal
Een knal vernomen wordt of mensen sissen,
Lacht hij tevreden en negeert het straal.

5 *Waarin we Culpepper onder meer laveloos aantreffen*

Snel verspreidt zich de faam van Culpepper.
Hij trekt–de tekst is steeds van de souffleur–
Van de Grand Opéra naar fancy fair,
En vindt geregeld bloemen voor zijn deur.

Zijn grootste vriend is de champagnefles.
Hij drinkt het voor en na en ondertussen.
Soms speelt hij wel eens op een fout adres,
Maar altijd zó, dat ze hem daar ook lusten.

Op 't laatst had hij–als ik u nu vertel
Dat hij blééf drinken tot de vroege morgen?–
Zo'n rooie neus dat hij in *Wilhelm Tell*
Het alpengloeien gratis kon verzorgen.

6 Waarin Sacha Culpepper beseft dat het vrijgezellenbestaan niet altijd alles is

Maar soms kwam een moment–wanneer hij naging
Waaraan hij zo'n talent wel had verdiend,
–Zo'n groot talent–dat hem een lichte knaging
Beving, een knaging die je helderziend

Kan maken op het midden van je weg
Wanneer je in het duister woud verdwaalt.
Dan droomde Sacha Culpepper niét weg
Van de successen die hij had behaald,

Maar van hoe groot hij was dus hoe alleen.
Zo ook vannacht; steeds witter beende hij
De kamer door en weende bitter, heen
En weer de kamer door: *wie houdt van mij*?

TWEEDE BEDRIJF

I *We maken weer kennis met Zizi, die enigszins op jaren is*

Zizi Maelstrom – de grote tragédienne
Van vroeger – speelde elke avond nog.
Ze had aan het idee niet kunnen wennen
Om met haar papegaai, haar Deense dog,

Haar drie konijnen in haar huis te klitten.
Maar óók wanneer ze, opgaand in haar rol,
Gewoon eens iemand in de zaal zag zitten,
Werd ze van achtervolgingswaanzin dol.

Zo was het nooit goed. Wil je haar eens zien,
Neem dan de tram, ga tot de halte mee
Waar *niemand* uitstapt, negen op de tien
Is daar de schouwburg waar zij speelt voor twee.

2 *Waarin wordt uitgeweid over de aard van Zizi Maelstroms rol*

Zij speelde in een soort van entr'acte
–Omdat er ergens tussen twee bedrijven
Een tijd verstreek van veertien jaar–een zwakte,
Te wijten, ongetwijfeld, aan de schrijver–

Een mannelijke rol, geheel in harnas.
Maar ach, de rusting was haar veel te nauw.
Het scheenstuk en het kniestuk zaten vast,
Zodat het leek of ze zaklopen wou.

En of dit haar nog niet genoeg beknelde,
Bleek–arme ziel!–ook haar vizierpin lam,
Zodat een ooggetuige mij vertelde:
'Het leek of uit de bol een grafstem kwam.'

In harnas. Op muziek.

Ge kunt van mij weeral verrekken,
Dum dum dum-li-di-dum,
Ge kunt van mij weeral verrekken,
Dumfidum.

Ik dans en spring en ben content!
Ik ben de zotteman van Gent!
Boem!

Ge kunt van mij weeral verrekken,
Dum dum dum-li-di-dum,
Ge kunt van mij weeral verrekken,
Dumfidum.

3 *Waarin de schrijver zich in indroeve bespiegelingen over de ouderdom verliest en hypochonders verzoekt terstond verder te gaan met het volgende vers*

Als je zo oud bent als Zizi Maelstrom
Is meestal alles donker om je heen.
Je ziet je ogen: ze zijn dof en stom.
Je armen en je buik: vel over been.

Je vrienden zijn, zoals ze zeggen, 'heen',
Je dromen: dood; je hoop: een aftreksom;
Je jeugdherinnering: één pleistoceen;
Je snuift: bederf; je hoort: een verre trom.

Zo stond Zizi die avond voor de spiegel
En zag de holle gaten in haar buik.
Waarna zij zich, met hitsig heupgewiegel,
Bevredigde met haar jeneverkruik.

4 *Zijnde het volgende vers, waarin niettemin groot onheil geschiedt*

O tijden dat zij zeer meeslepend speelde!
Dat zij—al was het stuk ook nog zo mat—
Met elke kritikus die haar verveelde
Dezelfde maand nog in het huwelijk trad.

Dat was altijd een zoete wraak geweest!
O, als ze daar aan dacht! Ze kreeg weer moed.
Al had ze zich gedragen als een beest,
Vanavond zou ze spélen, en dan goed!

Ze moest wat olie kopen voor haar harnas,
Wat pepermunt voor haar gebarsten stem,
En *that* was *all.* Maar toen ze daar mee klaar was
Kwam ze bij 't oversteken voor de tram.

5 *Hoe Zizi uiteindelijk haar aanbedene ontmoet*

Haar plan ging eerst na maanden in vervulling,
Toen zij opnieuw de schouwburgzaal betrad.
Voor 't harnas vormde zij geen kwaaie vulling:
Omdat zij nog maar één been over had.

Ze was juist uit het ziekenhuis ontslagen,
Waar zich een rochelstoet, als trouw publiek,
Geamuseerd had met haar zeer gedragen
Volzinnen en haar heerlijke mimiek.

Zij zette dus haar beste beentje voor.
Haar harnas maakte nu eens geen kabaal,
Zelfs haar vizier bleef open, en daardoor
Zag zij Culpepper zitten in de zaal.

DERDE EN LAATSTE BEDRIJF

I *Van pril geluk*

Culpepper was meteen verliefd geweest
Op de metalen flonker van haar kuiten.
Na veertien dagen volgde 't bruiloftsfeest.
De lege flessen vlogen door de ruiten.

Ze voelden, ondanks al hun mottigheid,
Zich uitgelezen door Melpomene,
Een wondertweeling, die de eeuwigheid
Trotseert, de diva en de jeune premier.

Zizi, Sacha, ze zouden een gezelschap
Gaan stichten, dat de wereld zou verbazen.
'Want onze kracht ligt in ons meesterschap!'
Voorlopig tuurden ze nog in de glazen.

Maar het gezelschap kwam er inderdaad.
Ze waren arm, ze hadden niet een moer
Om in een plank te slaan, die fopcastraat
En die van liefde mal geworden hoer.

En beiden dronken ze nog maar champagne!
Er moest dus iets gebeuren, dat was klaar.
Zizi startte ter plaatse haar campagne
En trommelde een zaal vol bij elkaar.

'Twee ongelukk'ge wezen zijn we, helaas!'
Begon hun eerste stuk, en viel meteen.
Daarop knapte van woede Sacha's blaas
En Zizi brak van nijd haar enige been.

3 *Waarin Sacha en Zizi hun langverdiende 'echte' succes behalen, en ware verbeeldingskunstenaars blijken*

Tenslotte hadden zij een prachtig stuk.
Ze zaten in een kangoeroe genaaid.
Zizi voorin, hij in het achterstuk,
Met Noachs ark geschilderd in een baai

Als decoratie bij hun monoloog.
Het onweerde heel erg; toen buitenshuis
Een knal klonk, kwamen ze meteen omhoog:
De voorpoten, want Zizi sloeg een kruis.

Een luid applaus voor zulk een kangoeroe
Weerklonk; toen bij een tweede donderslag
Ook Sacha's knieën knikten, o, toen joelde
De hele zaal; *dit was hun grote dag!*

4 *Hoe, om te besluiten, Zizi Maelstrom en Sacha Culpepper in hun voor- en achterkwartier hun mooie taak ten einde toe volbrengen, tot blijdschap van het publiek*

Hun kangoeroe werd alom zeer geliefd.
En zelfs toen Sacha blind werd, en Zizi
Luid reutelde, waren ze niet ontriefd.
Ze speelden gewoon door, en ieder die

Ze bezig zag in hun grof-juten zak
Was aangedaan. Het was zo'n vrolijk beest,
Zo'n meesterschepping! En daarbij zo mak!
En door de jute stráálde het van geest.

Nú waren onze diva's eerst tevreden,
Bekwijlden heel het beest van dolle pret,
En toen ze, *op de planken*, overleden,
Zijn ze in hun creatie bijgezet.

Doek

KOMRIJ'S PATENTWEKKER

(1974)

I

Je hebt altijd wel enigszins gedacht
Dat in je hart de vonk van het genie school.
Je vond steeds weer wat nieuws uit, dag en nacht.
(Want je diploma middelbare school,

Dat was aan jou niet weggegooid, o nee.)
Je had wel honderdzeventien patenten.
Je was een zegen voor het wel en wee
Van 't mensdom; ja, een soort van heilsagente.

Maar nu vond je een wekker uit, een tijdje
Terug alweer, die 'het' geluidloos deed.
Benodigdheden: een potlood of een krijtje,
Een kaars uit Gouda en je eigen reet.

2

Dat was haast goddelijk van simpelheid!
Klaar van conceptie! Praktisch kosteloos!
Poëtisch ook! Niet langer kwam de tijd
Uit een van rinkelen vergeven doos.

Je zette met je potlood eerst tien strepen
Rondom de kaars; voor elk uur dat je 's nachts
Gemiddeld sliep, dus één. Hem licht inkepen
Mocht ook; vervolgens schoof je 'm, brandend, zacht

Je kont in, verticaal: zes streepjes diep
Als je na vier uur slaap al wou ontwaken;
Na acht uur, twee streepjes; enfin, 't princiep
Dat de uren die je sliep naar buiten staken.

3

Zo rust je met een vuurtje in je reet.
En als het tijd wordt weer eens op te staan
Raakt het trouw vlammetje je achterspleet
Heel heet, maar ook heel teder, heerlijk aan.

Je dánst het bed uit, fris en opgemonterd
(Zorg wel voor kaarsen van een beter merk
Zodat het vet niet in je kont vastklontert)
En vrolijk fluitend ga je aan je werk.

Laatst wilde je vroeg opstaan, en je schoof
Je wekker er wel zeven strepen diep
In. Maar de vlam werd door een scheet gedoofd,
Zodat je je, onaangeroerd, versliep.

4

Toch is je wekker, nogmaals, haast volmaakt.
Het enig nadeel is dat je op je buik
Moet slapen, met je kont omhoog en naakt.
Maar verder werkt het hele zaakje puik.

Je vroeg er weer patent op aan, wat let je?
Terwijl de wekkers van het oude soort
Zo safe zijn als een rukwind in een netje,
Schroeit dit systeem, elks nacht verlichtend, voort.

En steevast 's morgens, zie: de stop brandt door;
Elk springt blijmoedig uit zijn ledikant
En gaat de straat op, collecteren voor
De laken- en de dekenfabrikanten.

FABELDIEREN

(1975)

La terre tremble, la rauque voix du tonnerre rugit,
les spirales flambantes de l'éclair s'allument,
et des flots de poussière s'élèvent en tournoyant.
LE SÂR PELADAN

RAGNAROK! RAGNAROK!

Sonnetten van na de zondvloed, of:
Het was en is niet meer

I

De espeboom beeft luid en akelig.
Een regenboog rust ijzig op het land.
Daar, waar in vroeger tijden dagelijks
De lach weerklonk van jongens, zonverbrand,

Liggen morsdode vogels in het zand.
En in de verte zie je, vagelijk,
De resten van een ingevallen pand.
Het ritselen wordt haast ondragelijk.

Over wat eens zoiets als straten
Geweest zijn, zwerft een regiment soldaten
Met blinde ogen, vol herinneringen.

Ze horen in hun hoofd schril iemand zingen.
Ze hebben juist op tijd hun fort verlaten,
Gans ondermijnd met explosieve vaten.

2

Eens was de wereld vol begoochelingen.
De bomen waren kooien voor de vogels
Waarin ze machtig helder konden zingen
En fluiten konden als revolverkogels.

Ook mooi waren de zeeën, vol van bloed.
Veel mensen hadden kleine, hoornen neuzen
En ogen van metaal. Onder hun hoed
Droegen ze codes mee, heel curieuze.

Wanneer ze hun vertrekken binnengingen
Stonden hun tafels en hun kasten vol
Van glinsterende, ongewone dingen.

Dan zongen zilveren lepels, in b-mol,
Een lied van pijnbomen en van seringen,
En niet uit treurigheid, maar voor de lol.

3

Soms komt een onderbreking in de wind
De groep soldaten aan het schrikken maken.
Ze tasten rond; behalve dat ze blind
Zijn horen ze nu ook geen tak meer kraken.

Dan gaan ze zitten. En, ineengedoken
Op dat verdroogde, rokende terrein,
Komen er beelden door hun hoofden spoken
Die bijna niet om te verdragen zijn.

Eén ziet een huis, geheel bewoond en gaaf.
Eén ziet een wit paard dampen in de zon.
Eén ziet een vrouw die, voordat het begon,

Hem nawuift als ten afscheid, o hij kon
Haar duidelijk zien staan, recht als een staaf,
Schoon als Astarte, op haar voorbalkon.

4

De wind gaat buiten kletterend tekeer.
Het stof joelt in het oog der wandelaars
Die nog resteren: hier en daar een heer.
En op je zolderkamer brandt een kaars.

De bomen buigen zich gekweld, hun kruinen
Krijsen een marmerharde melodie.
Het lijkt of ze iets willen uitbazuinen.
Het lijkt of een trombone een litanie

Van spijt uitstoot. Het water stijgt nu snel
En uit de goten barst een amalgaam
Van geuren open, heel onaangenaam.

Alles wordt licht opeens, verbazend fel.
Je ziet, vanuit je kleine dakkapel,
Niets meer, alleen een tor op 't raam.

5

Je kon je redden langs een trap van vuur,
Langs bloedgevlekte hellehonden heen.
De wereld was nog maar van korte duur.
Je rende over lauwwarm kiezelsteen

De stad uit, de verzengde, dode stad.
Het gras was dor. Er hingen touwen tussen
De bomen zonder blad. En niemand zat
In een der uitgebrande autobussen.

O vroeger, toen er ook nooit iemand was!
Alleen jij en het boek waarin je las.
Wel kwam zo nu en dan je moeder binnen

Met op haar arm een grote stapel linnen
Of met vrieskoude ranja in een glas.
O nooit zal dat, o nooit, opnieuw beginnen.

6

Je kijkt verslagen naar het stel soldaten
Dat op het land zwerft, vuil en blind en oud.
Soms struikelen ze over ledematen.
Hun botten knisperen als sprokkelhout.

Nog vaag weten ze iets van kazematten,
Van muzikanten, rumba's en parfum,
Van handgranaten, uit elkander spattend,
Van kratten brandewijn, Jamaica-rum,

Van drums, een wild gekrijs in nachtgewelven,
Een blauw dooraderd vrouwenbeen, nog vaag
Voelen ze hun nek trots in hun kraag.

Dat is de wereld niet meer van vandaag.
De klok staat stil om twintig over elven.
Ik zie ze strompelen – en zie mezelve.

ARMAGEDDON

De mode hier is morgen mode daar.
Dus zond Parijs zijn afgedragen goed
Gewiekst met schepen vol naar Zweden, waar
De pruik weer puik, naar Rusland waar de hoed

Weer práchtig stond. Ze waren daar een jaar,
Of meer nog, achter en *dus* dik tevreden.
Ze speelden het Parijse repertoire
Gewoon opnieuw, de Russen en de Zweden.

Eens zonk, zo wordt verteld, zo'n modeschuit.
En in hun netten vonden vissers later
Een kabeljauw in rok met Schotse ruit,

Een zalm in wit satijn, de hals zeer laag,
Een baars in baljapon; en door het water
Gleed traag een haai met een matrozenkraag.

Vanavond ging de keukengeiser zingen.
Heisa, heisa, zong ze. O, je had
Wel vreemder dingen meegemaakt. We gingen
Gewoon uit. Eerst, langzaam, naar de stad

Om in de allerlaatste bioscoop
Die over was de nieuwste film te zien.
Je liep over een soort van overloop
Met lampen van misschien een watt of tien

Een morsig zaaltje binnen, waar je naar
Iets nogal schimmigs en verspringends keek.
Het was een rare film die je verveelde.

Eruit; wat schuifelen op het trottoir;
Daarna naar huis, alwaar, *natuurlijk*, bleek,
Dat naast de geiser ook de koelkast kweelde.

De Zangvereniging *Het Veldviooltje*
Zong op een weide, ter gelegenheid
Van 't openen van een nieuw kleuterschooltje.
Je stond erbij, zoals altijd bereid

Volop te smullen van de blaaskapel.
(*Koper, iets mooiers is er niet.*) 't Orkest
Blies uitgelaten. 'Het was wonderwel.'
De zangers deden ook al zo hun best.

Maar iedereen werd, zag je, langzaam dikker,
En raakte opgezwollen als een kikker,
Wat was dat nu weer voor iets vreeslijk raars?

En niemand had een rietje in zijn aars!
Ballonnen werden ze! Zonder te kikken
Steeg het ensemble blazend hemelwaarts.

We hadden vreemde gasten bij ons thuis.
Ze aten eerst de keukenkasten leeg
En bakten op ons kleine gasfornuis
Een huizehoge pannekoek van deeg.

Vervolgens keerden ze de tafel om–
En gingen zitten; door de poten heen
Keken ze naar ons, zo star, zo stom.
Hun iris blikkerde als edelsteen.

Hun huid, zo leek het, was van cellofaan
Waarachter, roerloos, spieren stonden.
Pijn, pijn, zeiden zij.–Koud was de maan,
Koud was het bloed dat liep uit onze monden.

Bevroren zijn de koppen chocola.
We zitten kleumend in de oude schuur
En kijken door het raam de mensen na
Die luidkeels rennen, een kolom van vuur

Wacht op ze in de verte. Ook de vellen
Zijn hard. We horen aan de einder kreten.
O, die zijn eenvoudig niet te tellen.
De schreeuwen. En we zien de hete

Vuurzuil vrouwen, jongens, mannen,
Schrokkend, ziedend, meesterlijk omarmen
Gelijk een kruisvaarder de muzelmannen.
Wij starogen, o ja! Het wordt al warmer.

Het is benauwd. Het is altijd benauwd.
De ganse dag lang valt de lauwe regen
Op steen en kalk en leem en blik en hout.
Steeds dat getik, daar kan je niet meer tegen.

Alleen onder de grond is het nog koud.
(*O, lag je daar dan maar. Dat is een zegen.*)
Het wolkendek heeft zich geheel ontvouwd
Om hutten en paleizen schoon te vegen

Met warm sop. Alle kleuren zijn verflauwd,
Het eertijds ijzig marmer lijkt belegen,
Vergaan is de extase van het goud.

Als watervallen zijn de vele stegen.
Het zilver heeft een lijkenkleur gekregen.
Het is benauwd. Het is altijd benauwd.

DOEK

Het was genoeg. Nu vallen alle sluizen
Als muizevallen uit de hemel neer.
Er welt een stank van opgesmolten teer
Omhoog vanuit de kieren der plavuizen.

Het is gedaan met alles van weleer,
Gedaan: of je het al of niet betreurt.
De vrouwen gaan verschrikkelijk tekeer:
Zij zijn het allereerste aan de beurt.

Daarna de mannen. Dan het dierenpark.
Fabrieken. Vliegvelden. Daarna het gras.
Schop, gaffel, schoffel, hakmes, sikkel, hark.
Nog even en geen mens weet hoe het was.

DE STENEN VAN VENETIË

Je zag een roeiboot van het Lido komen.
De roeier had een glazen staaf als roer,
Twee stokvissen als riemen. Door zijn lome
Slagen leek hij je teder, maar ook stoer.

Zijn aanschijn was welhaast van paarlemoer.
Zijn ogen zagen stadwaarts als fantomen,
Zijn lippen rilden woordeloos. Vervoerd
Leek hij, vervuld van welke weke dromen?

Je stond te kijken op de Campanile,
Door een toneelkijker. Je adem stokte.
Hij hees zich, bleek als marmer, op de oever.

Je zag hem zwoegen. Hij bewoog zich stroever
En stroever, totdat hij uiteenviel en
Verging tot zwarte, walgelijke brokken.

’t Was in de Calle delle Case Nove
Dat wij niet verder konden, en bekenden
Verdwaald te zijn. Owee, ’t was even over
Drieën in de nacht. Een ongekende

Pracht van sterren kweet zich, hoog daarboven,
Van al haar sierende, erkende taken.
We konden haar verlichting zeker loven,
Doch hadden er maar weinig aan als baken.

We liepen met versnelde stap terug
Door al die sloppen, gangen, nauwtes, stegen,
En kwamen er geen dooie diender tegen,

Steeds door die stegen, sneller steeds, heel vlug,
En zagen eensklaps een bekende brug!
Hosannah zingend zijn we ineengezegen.

Nu ken ik alle kaden, alle stegen,
En de Palazzo's. En ik voel me warm.
Ik liet mijn hart hier achter, allerwegen.
(En op de Academie-brug mijn arm,

Mijn nier op de Rialto. En mijn lever,
Die liet ik achter op het Arsenaal.)
O, deze stad is boven spot verheven...
Maar zelf een rarekiek en toverzaal.

Hier kan men zeer voornaam de pijp uitgaan
In een van die gesloten, hoge panden,
Zelfs als een oplichter nog niet banaal.

O, bij mijn uitvaart, hoop ik, zal je staan
Op een der bruggen van het Canal Grande
En mij voorbij zien glijden als een aal.

Varend op een versierde staatsiesloep
Passeerden ze de uitgeholde huizen.
Uit de eenmaal drukbevolkte stoep
Staken daar de waterleidingbuizen.

Ze voeren fier door de kapotte sluizen
En zongen: *We gaan het zeegat uit.*
Met goud bestikt waren hun wambuizen.
Hun smaragd puilde de kombuis uit.

In de verte rookten nog de huizen.
Dood zand dwarrelde er in de goot,
Op het water dreven oude fornuizen,

Maar alles mijlenver achter hun boot.
En toen zij de zee al hoorden suizen
Zonken ook zij. O, als een idioot.

Hier dolen dode vogels, zweven grandes
Uit langvervlogen tijden over torens,
De kerkhoven zijn hoger dan de Andes!
Stil, jongen, stil. (Bedaar.) Nou moet je horen.

Herinner je je wel het eerste uur
Dat wij hier waren? Dat de vierhoek rond,
De voetknecht keizer werd, het water vuur,
De zon melaats, de horrelvoet gezond?

(Stil toch, bedaar: het is maar poëzie,
Het is maar dichterlijk.) Doch ai! Hoor *hoe*
In het water de doden joelen, toe,

Luister hoe heel je leven samenhangt
Met alles wat hiernaar terugverlangt,
En niet met god-weet-wat of die-en-die.

Vandaag stonk alles werkelijk dubbelop.
Uit alle kieren steeg een walm omhoog
Die bijna onverdraaglijk was. 't Grondsop
Dat opgeborreld kwam leek gal en loog.

En uit de sponningen perste zich gas.
Je vroeg de gondelier om haast te maken.
Je zag de muren van de huizen kraken
En hoe de verf eraf gebladderd was.

'Maak voort, maak voort!' Je wilde het kanaal
Verlaten, een riool van gier en slijm,
En koersen naar Palladio's kathedraal.

Maar je bleef steken in de grauwe prut
Voor het paleis van Peggy Guggenheim,
Die ouwe, smakeloze Yankee-trut.

De muzikanten op het Marcusplein
Vertrokken op het sein der beide Moren.
Je hoorde in de verte hun refrein
Versterven, evenals de klokketoren.

Er woei wat oud papier over de stenen.
Je zat verdekt in een der galerijen.
De lichten die het plein eerst nog beschenen
Verdwenen ook. Zacht glansden slechts de keien.

Toen klonk opeens een zingen van Sirenen.
Heel ijl. Heel hoog. De keien gingen dansen.
De Moren stortten neer. Er viel een piek.

Met golven sloeg het water om je benen.
Sirenes gilden, floten om de transen,
Het vuur schoot loeiend uit de basiliek.

FABELDIEREN

Het was een gaaf salon-ameublement.
Ze hadden er zeer braaf voor moeten dokken:
Maar het was afbetaald, tot op de cent.
Toch hadden ze zich graag teruggetrokken,

De keuken in, toen op een dag de kast
Kreunde, de sofa weende, en de stoelen
My Sarie Marais gingen zingen; vast
Was dat van meubels niet de bedoeling.

Dat zagen ze wel in. Maar wat, toen
Dáár weer, eenzaam op de keukentafel,
En wel een kwartier aaneen, een griffioen
Verscheen, koekhappend met bebloede snavel?

DE SFINX

Er staat een oude stad in de woestijn
Die sedert lang verlaten is. Agaven
En distels groeien er. En op het plein
Troont dof een sfinx tussen vervallen graven.

Geen slang, geen hagedis verstoort de rust.
Het is alsof het stadje eenmaal door
De Koning der Verschrikking werd gekust,
Alsof het in het heetste uur bevroor.

De sfinx heeft dode ogen. Eens per jaar
Steekt er een wind op in dat stil gebied.
Dan zou je zien hoe hij, heel even maar,
Luid geeuwde, als je kon. Je kunt het niet.

De vogel Qu'al voedt zich met krokodillen
En legt tweejaarlijks een turkooizen ei.
Zijn ogen hebben purperen pupillen.
Hij torst een sponzig, vederlicht gewei.

De vogel Qu'al is een zeer lieve vogel.
Al is hij ook erg sterk en erg massief
En opgewassen tegen alle kogels,
Als vogel is hij werkelijk zeer lief.

Hij is ook erg actief, de vogel Qu'al.
Hij kan heel prachtig het heelal doorklieven,
Is knap in 't stuiten van een waterval,
En in het rondbrengen van minnebrieven.

Van binnenin gevoerd met rood velours
Schommelt zijn kist de Postjeskade af,
Getrokken door twee draken, zwart omfloerst.
Daar ligt hij dan, verzendklaar voor het graf.

Hij was een Schrijver. Schrijvers sterven ook.
't Is wreed, maar waar. Er kan voortaan geen sprake
Meer zijn van 't moois dat uit zijn pen ontlook.
Hij ligt te stijf onder het witte laken.

Hij wordt nu door zijn favoriete draken,
Een grote en een kleine, voortbewogen.
De kleine Draak van zijn Scheppend Vermogen,
De grote Draak die van zijn Ellebogen.

Lamia's hebben klauwen van een kat
En voeten van een koe. Ze lusten bloed.
En hoe! Als je ze ziet, op oorlogspad,
Dus jagend achter allerlei jong goed,

Dan jubelt heel je hart *io vivat.*
Wat is er mooier dan zo'n kindertoet
Uiteen te rijten, om dan in een bad
Van bloed je hele darmkanaal te goed

Te doen, terwijl ze nog van ocharm krijten?
Een warm, kaal schaapje, in de wieg gesmoord?
Je zou, mét de Lamia's, willen pleiten
Voor heel de glorie van de kindermoord.

Wreed schrijdt de eenhoorn in zijn glazen huis
Op de flamingo af, die sneeuwwit rilt.
De vogel weet: er is hier iets niet pluis.
Dan steekt de eenhoorn toe. Er klinkt geen gil.

Wel gaat door heel de koepel het gesuis
Van bloed dat lekt en ritselt uit de zij
Van de flamingo, die nu grauw als gruis
Is, sterft met zacht, ontwapenend geschrei.

De eenhoorn, die het bloed gedronken heeft,
Komt in verrukking overeind, verschiet
Van kleur, verkeert, terwijl hij schokt en beeft,
In een helblauwige hermafrodiet.

Er is een fabeldier dat 'Komrij' heet,
Een wonderlijke naam voor zoiets aardigs.
De kop ervan is weliswaar vrij breed,
Maar verder heeft het niet veel eigenaardigs.

Hij is een beetje sullig, een soort flop.
Zijn handen lijken erg op kolenschoppen.
Ook zit de kop gewoon er bovenop.
Hij zal zich nooit eens tot iets moois ontpoppen.

Hij is een hond, meer niet. Zijn hele leven
Zal hij een wezen zijn 'dat steeds begrijpt'.
Alleen diep in de nacht jankt hij soms even,
Daar een geheime pijn zijn strot toeknijpt.

Vaarwel

DE VERSCHRIKKING
(1977)

Tussen de ijsriffen, in de stille nacht,
Loopt het pad van de dood. – En eeuw
Na eeuw heeft een bewegingloze vacht
Van sneeuw zich opgetast. 't Is alles sneeuw,

't Zijn sneeuwkristallen die je ziet, totdat
Het pad in witte blikkering verschiet.
Soms doemt uit het moeras een pluimbosstad
Van pegels op, van fluitend stalactiet.

De dode zielen tussen de ijsgevaarten
En aan de rand van 't gierend ijsmoeras
Dromen hoe ze, toen ze nog lichaamszwaarte
Bezaten, over een bospad eens de klaarte
Bereikten van een dorp, waar warmte was
En vrede was en ook te veel groen gras.

IJsriffen, eh? Niet-bewegende vachten,
Waarlijk, en wat is dat alles nu weer?
Huh? Zeg eens op! En die grafstille nachten,

Zielen die 'dood' zijn? Wel kristene-heer!
Warmte, en vrede ook; *dat is niet mis.*
Wat gaat de dichterboezem tekeer!

Laat die sonnetten, m'n jongenlief, nou...
Als het te machtig wordt voor je, gewis:
Snik dan in stilte! ALS EEN WEDUWVROUW!

Rondom de tuinen van Huize Constance
Strekken zich, achter een hoge omheining,
Graven uit, nooit eens met bloemen of kransen

Opgesmukt, open als wonden die gapen.
Elke nacht komen de doden er dansen
Met hun brooddronken en snerpende deining,

Elke nacht wekt, met gevloek, hun verschijning,
Klam als een doek, al degenen die slapen,
Onterecht slapen, in Huize Constance.

Er kijken een meisje en een kat
In een spiegel als door een sleutelgat
En zien weer een meisje en een kat.

Er komt nooit een einde aan de last
Van 't spiegelglas en de ladenkast.
Daar zit heel wat poëzie aan vast.

Gedichten als dozen waar niets in zit.
Of zit er iets in, dan enkel dit:
Een ziekenhuisbed in een serre, wit.

Roomblank en feestelijk tussen de bergen
Troont het elektrisch verlichte paleis.
Duivels en spoken, alruinen en dwergen

Huisden er samen op vreedzame wijs.
Zoveel geluk ging de vijand door merg en
Been en hij zon, in zijn hol, op een list.

Zonder dat iemand het zag werd een kist
In het paleis gebracht; sedertdien sist
Bloed uit de stekers en stolt er tot ijs.

De bleke Armeniërs uit de fabriek
(Zuurwerk & Co. in azijn en sjalotjes)
Sloegen zwart uit en ze werden ziek,

Uit melancholie, – of zielsreumatiek.
Ze staken de stad in brand met rotjes.
Het werd er zo gloeiend als in de tropen.

De klokken, die sprongen razend open.
De straatstenen fonkelden feeëriek.
Je moest er als roetpluim over lopen.

Deuren gaan beven en hengsels verspringen
Want, kijk, de kinderen, hoog in de wolken,
Komen nabij als kolossen van klei.

Hoog op een zuil bivakkeert een harpij.
Prijzen ze haar? Zullen bloemen hun tolken
Zijn? Of misschien gaan ze liederen zingen?

Of zijn ze (wie weet) angstwekkende dingen
(Dolken?) van zins? Niemand kan er nog bij.
De stad is druk bezig zich te ontvolken.

Enkel het gas hoor je gaan in de lamp.
Vissen, ze snakken naar adem, geruisloos en
Wel. Ze verwachten de apotheose.

Rien ne va plus. Mens en dier zwijgen stom.
Zo is het altijd, vlak voor een ramp.
Alles is weggesloten in dozen.

Dan klinkt een daverend, ploffend gestamp
Op, en de voordeur stort in. Oliedom
Komt er 'n godje uit de hoed, achterom.

Verzen die martelen, regels die zeer doen.
Stekende lichaamspijn, echt. Ja, te veel
Bundels gelezen ook. 't Maakt je zo ziek.

Beter te zwelgen in schrammelmuziek,
Beter te luisteren naar het gekweel
Van een verbrandende vuurwerkfabriek,

Beter te wentelen in weet-ik-veel,
Dan om je leven, vol smart en fatsoen,
Aan de Poëtische Zucht te verdoen.

Hou toch vooral eens je mond, zegt de raaf.
Ach! en daar gaat al de fluit van papaver,
Fluit van papaver, van klaver, van groen.

Molto con grazia. Zwijg, zegt de raaf.
Ach! en daar gaat al de fluit met gedaver,
Fluit met gedaver, de hoorn, de klaroen.

Niets, denkt de raaf filosofisch, klinkt gaver...
(*Zo zingt bij nacht ook het doodslegioen*
Hoog op de draad van de rijkstelegraaf.)

Een jongen was je; in al je dromen
Zag je gevederde roofdieren komen.
Darmen en nieren pikten ze eruit.

Nimmer kwamen je dromen uit.
In de tuin liep vreedzaam 't paard en
Appels hingen er stil aan bomen.

Het geurde er naar warme aarde.
Maar altijd klonk daar, als je staarde,
Altijd weer, schetterend een gefluit

In alle toonaarden bovenuit–

Als je daar staarde, en staarde, staarde.

Je zat te dromen voor het vuur
En tuurde naar de palissander
Betimmeringen langs de muur

Totdat je uit 'n heel klein gat
Met veel vertoon en air je kat
Zag komen die zich in een ander

Costuum gehuld had; véél te duur
Natuurlijk. 't Werd 'n uitbrander.
Ze siste terug met toneelallure.

Mijn naam staat in het nonnenboek,
Mijnheer, wij wensen geen bezoek.
Wij zijn niet voor vermaak geschapen.

Mijnheer, wij zijn niet als de apen.
De tranen die wij plengen 's nachts,
Wanneer wij eens niet kunnen slapen,

Zij gelden de sterke vogel Roekh.
Mijnheer, doe dus niets onverwachts.
En haal uw handen uit mijn broek.

DE ANNUNCIATIE

Komt hij nog? Komt hij nog? dacht ze gespannen,
Steeds het verlangen dat hij zou komen.
Het achtervolgde haar in haar dromen.

’s Ochtends zocht ze in potten en pannen,
’s Middags in goudbepoeierde spleten,
’s Avonds in tochtreten en zomen.

Turend in kreken, langs hete savannen
En naar de koude, bedroefde planeten,
Was ze *wie* komen moest allengs vergeten.

Zittend in hun sadistische kamers
Wachten de heren melancholiek.
(Als zotte otters.) Waar wachten ze op?

Op de gehoornde schavuit met de strop?
Op de ellendeling met de voorhamer?
Wachten maakt heren altijd zo ziek.

Hoog in de Alpen, daar steekt de wind op,
Daalt van de bergen als citermuziek,
Daalt naar hun niets overbrievende kamers.

EEN MARCONIST SMEEKT DE ZEGEN AF

Neem een gemakkelijk rijm als *dat*
En in de volgende regel *-egen*,
Blijf tot het eind het geheim bewaren,

Maar suggereer de ontknoping terdege,
Al blijkt het niet meer dan een hol vat;
Zorg voor wat bliksem en wat regen,

En, zonder dat je het kunt verklaren,
Ben je op 't schip De Wanhoop aan 't varen
En je weet niet meer hoe of wat.

’s Morgens omzwachtelt ze haar vlees
Met vele lappen, beroet en vies.
Ze zuigt dan op haar holle kies.

De middag duldt geen tijdverlies.
Ze vindt haar zusters wonder snel,
Ze kwijlt en wroet en kletst zich hees.

En ’s avonds bestelt het zwetend vel,
Walmend van bloed, bij de Chinees
Een loempia met warme chocomel.

''s Middags wordt, als een klassieke verfrissing,
Helena zelve gebracht... tot ontploffing
Wel te verstaan, in de kruitmagazijnen

Van de firmanten Apol & Marijnen.
Zo daar in sommige hoeken nog stof hing,
't Zal er nu helder, volstrekt helder schijnen

Als de kanunniken – quasi vergissing! –
Vuur geven!' (*Hoe het programma hun lof zingt...*)
Zal ik er heengaan? Ik neem geen beslissing.

Ferm gedrild was de meid. Slaven en sloven
Deed ze de hele dag. 't Was een juweel.
Alles glom helder. Ze kenden geen vrees:

Huis en hof lieten ze aan haar over
Met een gerust gemoed, toen ze een heel
Jaar buitenslands waren. Woest verrees,

Terug, voor hun blik een schriktafereel.
't Sneed als een scheermes over het vlees.
't Maakte een gedruis. Het was niet te geloven.

Zie hoe de Zeppelin hangt. Doodsbang
Zuig je de lucht door je dunne ribben.
Zachtjes klinkt, ver weg, soldatengezang.

Snel wordt het minder zacht. Dan, urenlang,
Raast hun gestampvoet, tot zonsondergang.
't Lijkt de omgeving haast dicht te slibben.

Op en neer, op en neer zwoegen je ribben.
Helder is 't, stil om je. Tussen de bloemen
Hoor je de goeiige pechvogel zoemen.

SING SING
(1978)

We stonden in de zaal van het kasteel.
Rondom ons hingen hoge schilderijen:
Sombere voorvaders. Door 't venster, geel
En bruin geblokt: een glimp van de valleien.

Valleien in de zon. *'t Is hier zo donker.*
We zagen tranen langs de doeken stromen,
En in de ooghoeken een lichtgeflonker.
Zullen we wel ooit weer buiten komen?

Hij stoof als een mandril over het veld.
Hem achtervolgde een paraplu van gieren.
Hoe hij ook rende of zocht, er was geen speld
Tussen te krijgen, nergens waren kieren.

Zijn tenen roffelden als automaten,
Zijn hals versplinterde, zijn longen kuchten.
De apengod had hem voorgoed verlaten.
Hij kon het vliegend lommer niet ontvluchten.

Hij is verdwaald tussen de berkestammen.
Waarom juist berken? *Daar ze rank en wit zijn.*
Hij sleept aan zijn kadaver 'n kilogrammen,
Ja, vreeslijk zware bol mee. 't Doet hem pijn.

Het regent pijpestelen. Uit zijn kuiten
Verschieten vonken, als betraande glasjuwelen.
De kogel spartelt door de modderkluiten,
De zwarte kogel door de blanke stelen.

Geijsbeer was er, spanning in de stad.
De stegen waren luchtkokers geworden
Waardoor 'n koperen fluiten brulde, dat
Weerklonk als bij een volkstumult de horden.

Het straatplaveisel was een xylofoon.
Bij elke voetstap tingelde een mooi
Gemoduleerde, maar macabere toon.
Om heel de stad heen stond een tijgerkooi.

Nog droomt hij in de nacht vaak van de kerker.
Het was er klam en stom, alsof je in bed
Onder een vracht van dekens lag. Of sterker:
Alsof een cirkelzaag was aangezet.

Het snerpte in zijn hoofd. Het dode water
Bracht algen op zijn stoel, zijn legerstede.
En uit het slik verrees een vale kater
En deelde hem akelige teksten mede.

De gangen van het bolwerk waren lang.
Er huisden dorre mannen in de hoeken.
Hij en zijn celgenoot, ze waren bang,
Zo bang dat ze er zacht van gingen vloeken.

Ze vloekten goddelijk. Er klonk een zwellen
En slinken van geketter, allerwegen.
Er heersten duivelse manieren in de cellen.
Zelfs door de kieren droop de gouden regen.

Zijn oogleden zijn toe, en met een sonde
Tast hij de wanden van zijn hersens af.
Vochtig zijn ze, bedekt met vette wonden.
Naar rookwalm ruiken ze, naar korstig draf.

Het is niet meer dan hij verdiende: straf.
Hij draait zijn oogbal om en ziet het gapen
Daar in de kerker van zijn scalp: het graf.
't Triangel klinkt. *Wat wilde hij graag slapen.*

De nacht valt over het bagno. In ketens
Wachten de tuchtboeven op hun dood.
Hun voetboeien klinken dof. Ze zweten.
Straks nadert hun laatste morgenrood.

Hun kerkerhemd is schier versleten.
De nacht is heet. (Er klinkt geween.)
Hun lichaam zelf is ook al aangevreten.
Ze vallen, veel te snel, tot stof uiteen.

Ook het gedicht is een gevangenis.
'n Zwaar met traliën ompaald papaverveld,
Dat een dorado van gezangen is:
Die stijgen daaruit op met hees geweld.

De dichters stelen, draaien, likken, liegen.
Ze kijken wel onschuldig door de spijlen
(Alsof ze hun bewakers niet bedriegen)
Maar azen op de taarten met de vijlen.

Hij leek een vel papier, zo bleek was hij.
Hij droeg een jas van pleister. Om zijn hals
Droeg hij een witte das, daar bleef het bij.
Twee gitten stippen–ogen–keken vals

Door 't gips de wereld in. Zijn blik was hard.
In zijn op maat gesneden blanco cel,
In zijn beslagen spiegelzaal, benard,
Zo speelde hij zijn schaduwloze spel.

CAPRICCIO

(1978)

We liepen op de Transformator Weg.
De zon kwam op, ze bleef nog even hangen:
Een sinaasappel door de groene heg.
We stapten zwijgend voort. Je bleke wangen
Weerkaatsten argeloos de vroege gloed.
Een jonge god, heet zoiets sedert Tachtig.
We liepen stil de morgen tegemoet.
Ik hoorde je niet ademen. Stormachtig
Kwam toen de zon omhoog. Je werd zo licht.
De vonken sprongen uit je zwarte haren.
De zon sloeg stralen van je aangezicht.
Zie, hoe het vlamde. 't Kwam niet tot bedaren.

De vogels schoten uit het land omhoog.
Ze krijsten, krijsten als een troep bacchanten
Die zich vermaken met exorbitante
Gezelschapsdansen rond een ereboog.
De eerste auto's naderden. Gejakker,
Zoals een onweer aan komt dreunen. Wakker
Was heel de wereld. Op de autowegen
Werden de regenwormen platgereden.
Het donderde als in een boze droom.
We waren allebei opzijgetreden
En stonden toe te kijken op een akker,
Nog altijd zwijgend. Jij stond onder stroom.

Een jonge god was je, en ook een vlegel.
Een stratemaker uit de laagste klasse.
Je tikte, luidkeels lachend, kleine tegels
De straat in, tussen andere wildebrassen.
Weerbarstig als een kei. Je zei niet veel.
Je roeping was jongleren met kasseien.
Je wereld draaide om je pikhouweel.
Je was dicht bij de aarde met je dijen.
Altijd dicht bij. Je rook naar verse grond.
Eens welt de aarde langzaam uit jouw mond,
Kruipen de wormen door je holle schedel.
De knekelman speelt lachend op zijn vedel.

Ook op de schouder van een stratemaker
Grijnslacht de oehoe. Tranen worden dor.
Hoor, hoor. Ze breken open op je kaken.
Ze ritselen. Je hoort de tranen kraken.
Het interesseert een jonge god geen lor.
Je kijkt me aan, je ogen zijn als sintels
Die in de asla smeulen als het wintert.
Je lippen wijken aarzelend uiteen.
Het is of je de spanning wilt verbreken.
Er schiet een steekvlam in mijn rechterbeen.
Ik luister toe hoe je begint te spreken:
'Zeg op, m'n jongenlief, waar gaan we heen?'

VIGNET

We liepen tot de middag voort. De wegen
Vermeden we. Ik leidde je langs weiden
Waarop we ons gelukkig nedervlijden
En wederom ononderbroken zwegen.
Het deed er ook niet toe wat of we zeiden.
Waar liefde woont is zwijgzaamheid een zegen.
We lagen in het gras als een stilleven.
De wereld was waarachtig een idylle.
Slechts af en toe verkende gonzend even
Een kever teer je hermelijnen billen
Om daarna snel weer hemelwaarts te zweven.
Ik zag je achtersteven gulzig trillen.

We dwaalden langs verpulverde altaren
Waar grijze monniken met giereblik
Ons leverzuchtig zaten aan te staren.
Hun lichaam was onooglijk van het slik.
We zagen nonnen met bestofte brillen
Waarin het leed van eeuwen stond te lezen,
Ze huiverden en vreesden duizend vrezen.
We hoorden dode mijterdragers gillen,
Het hof van Rome, pausen, kardinalen,
Als varkens die de vilder op komt halen.
Je glunderde, als na een goed rapport.
Hier heerste recht, al duurde het maar kort.

OASE

Zo warm is het die dag, bloedwarm. Jouw zweet
Druipt neer als olie van een marmerbeeld.
Vervloekt is ieder ding dat kleding heet.
't Is koel op plaatsen waar je hand me streelt.
Ik wil het wegdek zijn dat jij plaveit.
Het is wel honderd graden Fahrenheit.
Als meerschaum helder gloeien alle luchten.
Een woord van liefde, in spijkerschrift geschreven,
Ligt op een langvergeten kei te branden.
Je raakt me aan met allebei je handen.
Je kussen zijn mimosa-achtig schuchter.
Ik zie een wit zeil langs de einder zweven.

Elastisch en elektrisch als een panter
Omsingel je opeens mijn ledematen.
Mijn lichaam vecht en wordt recalcitranter.
Mijn tegenstand brengt je in alle staten.
Je zweet begint gebiedender te geuren.
Ik doe mijn mond vaneen maar kan niet praten.
Ik zie de allerzonderlingste kleuren.
Geluiden hoor ik, nimmer nog gehoord.
Je bruine arm verheft zich, keer op keer.
We strijden met geweld. Zonder een woord.
Ik glijd als in een riddersteekspel neer.
Ik voel hoe ik genadig word doorboord.

Ik vond mezelf die middag traag terug.
Ik had mijn lichaam hopeloos verloren.
We liepen over een vervallen brug.
We stonden tot ons middel in het koren.
Ik wist het niet. Ik was als hem geworden.
Een jonge ondeugd uit een mooie droom.
Ook ik was sterk. Ook ik kende geen schroom.
Het onkruid dat ik tegenkwam verdorde.
Viooltjes schoten uit de grond, narcissen.
Nog voordat zij zich konden vergewissen
Van zoveel schoonheid was ik al voorbij.
Met moeite, schoksgewijs, hervond ik mij.

De avond viel. De damp van een moeras
Steeg op, als alsem walmend uit 'n vat.
Hoog in de olm ontstak de drakenkoning
Het licht in zijn verderfelijke woning.
We rilden en versnelden onze pas
Alsof een spook ons op de hielen zat.
We sprongen over een geschoren heg.
Met felle bundels elektriciteit
Schenen de auto's ons in het gelaat.
We stonden op de Transformator Weg.
Ik keek je aan. Je was je spanning kwijt.
Je was gewoon een jongen van de straat.

PEPER EN ZOUT

(1980)

I

Ik schrok. Was het wel schrik? 't Was wanhoop en
Aanbidding tegelijk, toen ik hem zo
Tussen de mensen over straat zag lopen.
Heel even maar. Ik stond in dubio.

Ik dacht: waarom niet naar hem toegesneld?
Te laat. Hij was al aan het oog onttrokken.
En ik begreep wel: een seconde telt
Bij wonderen. Als lompe, logge brokken

Waren mijn voeten. Was ik, *pakjesdrager*,
Misschien te zwaar beladen en bepakt?
Welnee. Toe nou. Ik kwam net van de slager.
Ik droeg alleen een onsje kalfsgehakt.

2

Ik was te laf geweest het op de grond
Te gooien, snel en zonder mededogen.
Ik zou zijn hals, zijn wangen en zijn mond
Met kussen, *kussen die er niet om logen,*

Bedolven hebben als ik maar, met vuur
En zonder aarzelen, mijn ons gehakt
Het ons gehakt gelaten had in 't uur
Der waarheid. Ach, ik had hem beetgepakt,

Omstrengeld kunnen hebben, niet met honderd,
Maar met wel duizend gulzige lianen,
Als ik het ons terstond had neergedonderd.
Nu weende ik bijzonder hete tranen.

3

Ik was een vonk, maar in dat ogenblik
Werd ik een vuurzee. Heel mijn lichaam brandde.
Het ons gehakt viel alsnog uit mijn handen.
Te laat, te laat, bedacht ik. (Weer een snik.)

Ik rende rond en ik verschroeide alles.
Geen klip, geen hindernis kon me nog storen.
Ik had mijn hoofd er grondig bij verloren.
('k Weet niet of dat met lava het geval is.)

Ik was alleen nog vuur. Ik zocht de stad,
De gouden poort waarachter hij, in tover
Van vlammen, trots en oogverblindend zat.
Ik, arme slaaf, brandde zo pover, pover.

4

Het leek een eeuwigheid dat ik hem zo
Gezien had, aan de overkant, voordat
Een auto – 't was, geloof ik, een Renault –
Hem aan mijn oog onttrok, maar hemel: wat

Een *korte* tijd ook had ik daar geweifeld.
Nu is de klok van streek, een uur duurt jaren.
Ik sudder eenzaam voort. Ik gloei vertwijfeld.
Ik ben de martelaar van etenswaren.

Zij die de schoonheid aan zich zien ontglippen
Door hun gehechtheid aan het alledaagse
Verdienen niets dan dat ze van de klippen
Te pletter vallen. Dood. Geen mens beklaagt ze.

5

’k Zie alles nog. Zijn donkerbruine haren.
Het bloed dat door zijn jonge wangen joeg.
Zijn oren die van helrood kraakbeen waren.
Het licht dat vonken van zijn voorhoofd sloeg.

Zijn lichaam was zo smalletjes. Een truitje,
Een open overhemd met vier of vijf
Verdwaasde variaties in het ruitje,
’t Zat allemaal gespannen om zijn lijf.

De hand waarmee hij langs zijn slapen streek
Was van ivoor (en blauwig, het was koud),
Zijn hals was hoog, zijn lippen ietwat bleek,
Zijn ogen—peper en zout! Peper en zout!

6

Ik koop nu elke dag een ons gehakt
En hoop dat zich het wonder zal herhalen.
Mijn gloed, hoe nietig ook, heeft mij geknakt.
Mijn ogen zijn als kleine, dorre kralen.

Zal ik zijn zeis nog eenmaal langs zien zweven?
O God, roep ik, ik wou maar dat het kon.
Mijn hemel is verstoken van zijn zon.
Ik ben nu, zonder hem, ook zonder leven.

O red mij, red mij, smeek ik telkenmale
Al wie te voet passeert of op de fiets
Van deze vloek om elke dag te dwalen
Tussen de slager en het bitter niets.

DE OS OP DE KLOKKETOREN
(1981)

Un corbeau devant moy croasse
Une ombre offusque mes regards;
Deux belettes et deux renards
Traversent l'endroit où je passe;
Les pieds faillent à mon cheval,
Mon laquay tombe de haut mal;
J'entends craqueter le tonnerre;
Un esprit se présente à moi;
l'oy Charon qui m'appelle à soy,
Je voy le centre de la terre.

Ce ruisseau remonte en sa source;
Un boeuf gravit sur un clocher;
Le sang coule de ce rocher;
Un aspic s'accouple d'une ourse;
Sur le haut d'une vieille tour
Un serpent deschire un vautour;
Le feu brusle dedans la glace;
Le Soleil est devenu noir;
Je voiy la Lune qui va cheoir;
Cet arbre est sorti de sa place.

THÉOPHILE DE VIAU

De zee is droog. Het vasteland is nat.
Alleen de dode dingen hoor je zingen.
De levende hebben hun tijd gehad
En zwijgen stom. Groeten uit Scheveningen.

Op dit strand worden alle vrouwen mooi.
Hun ogen glanzen en rondom hun monden
Verdwijnt hier elke levervlek en plooi.
Haast om te zoenen zijn hier alle honden.

De jongens daarentegen hebben in
Hun neuzen onophoudelijk bezoek
Van kevers, in hun oogkas huist een spin.
Hun voorhoofd is vergaan, hun wang is zoek.

Hij leest, zonder te lezen, een verhaal
Dat als een scheermes door zijn hersens gaat,
Dat in zijn nek slaat als een bliksemstraal
En dan blijft steken in zijn ruggegraat.

Het is een koud verhaal, vol hete haat.
Het gaat tekeer en vult hem vertebraal.
Zijn mergpijp gilt ervan als vlees dat braadt.
Het is geschreven in zijn moedertaal.

Hij leest het. En zijn achterkant voelt kaal
En open aan, een ruggelings gelaat,
Een reflecterend vlies, waarin brutaal
Zijn eigen spiegelbeeld hem gadeslaat.

De jongen is een grijze filosoof.
De knieën zijn de zetel van de wijsheid.
De Noordpool herbergt menige korenschoof.
In de Sahara heerst de grote ijstijd.

Een padvinder beheert het labyrint.
De sfinx kijkt vol begrip de wereld in.
De hemelgod is een driejarig kind.
De wereldondergang is het begin.

De olifant danst op het slappe koord.
De stier is meer dan zeven maanden drachtig.
De veldmuis heeft een tijgerkat vermoord.
De seksualiteit is mooi en prachtig.

Ze liggen op elkaar, schurft op eczeem.
Je hoort de schilfers knappen. Roos stuift op.
Hun schedels glimmen als een diadeem.
Ze liefkoost teder zijn gezwollen krop.

Zijn pink verdwijnt in een abces van bloed.
Ze kronkelt. Uit haar mond springt slijm. Een blaas
Ontploft. Zijn krop wordt blauwer. Hij vat moed.
Hij rolt haar op haar rug. Hij is de baas.

Dan gaan zijn sleetse lendenen tekeer.
Het is een machtig knarsen. Het gesop
Van kwijl in etter kent geen einde meer.
Zij kotst. Gods wonder in een notedop.

Anderen knippen met hun vingers, zie:
Er valt vanzelf een wonder uit hun hand.
Ik zwoeg gestaag, verbrand mijn energie,
Maar wat ik opdelf is wat grint en zand.

Anderen eten graag, ik kauw met pijn.
Fazant! en ik verslik me in een luis.
De hele kosmos smaakt ze zoet, op mijn
Verhemelte proef ik slechts as en gruis.

Anderen hebben ritme, ik loop mank.
Ze ademen, mijn hals hangt in een strop.
Ze geuren, ik verspreid een helse stank.
Toch kan ik mijn geluk bijna niet op.

Hun duif heeft een gewichtheffer vermoord.
Er woedt een zandverstuiving op hun zee.
Hun olifant wordt in een pan gesmoord.
Met edelstenen voedert men hun vee.

Hun panter eet studentenhaver en
Hun vice-admiraal is een makreel.
Je hoort het uit hun theetuit daveren.
Hun krot is ingericht met Chippendale.

Hun heiland heet Judas Iskariot.
Hun spieren en hun daden zijn van dons.
Van brons zijn hun pupillen. Hun schavot
Moordt verder. Het vertoont niets ongezonds.

Als niet de ijskorst bloed mocht worden, als
Godvruchtig niet beestachtig heten mocht,
Hels hemels, helder schaduwrijk, trouw vals,
Als niet de lamme op het slagveld vocht

En de rebel op zachte kussens lag,
Als niet de dag de felle maan ophitste,
De zon de nacht met lome blik bezag,
De bliksem uit de kratermonden flitste

En lava uit de onweerswolken droop,
Als niet de stroop naar ziltigheid mocht smaken,
Bestond dan wel de mogelijkheid en hoop
Je ooit nog onbevangen aan te raken?

Want zuiverheid verwekt hypocrisie.
Gevoel baart modder. Openhartigheid
Is onrecht. Rechtuit ligt in Krommenie.
Het lam dat liefkoost is de wolf die bijt.

Deemoed is razernij. In Nergenshuizen
Ligt Allekanten. Hemels mededogen
Is minder dan een punt. Minder dan luizen
Zijn vredesduiven. Waarheid is gelogen.

De deugd verdraait, de geestdrift deformeert,
Het kloppen van het hart werkt als vervormer.
Genegenheid schept haat. De aai bezeert.
De Liefde ligt een uur gaans van De Wormer.

Bitter is het—terwijl om middernacht
De zon schijnt en de sneeuw je voeten brandt,
De brave burgerman wordt opgebracht,
De losbol op een gouden troon belandt,

Bitter is het—terwijl de varkenspoot
Gevilde mensen aan het braadspit rijgt,
De gouden troon vermalen wordt tot schroot,
De beursnotering van het wrakhout stijgt,

Bitter is het—terwijl de ganzeveer
Van lood lichtvoetig door het luchtruim zweeft
En alles is zoals het is—wanneer
De jongen aan de heer een ijsje geeft.

Om haar beloning voor het vele leed
Dat ze berokkende te halen heeft
De heilige drieëenheid zich verkleed
Als drie piloten waar nog bloed aan kleeft.

Hun vliegtuig heeft Bestemming Hel gekozen.
"De duivel wacht met whisky en sigaren."
De reis duurt lang voor de drie luchtmatrozen.
Hun bloedrode propeller snort al jaren.

Vlak bij Saturnus zien ze op een ring,
Haar haren kammend, een verlopen del.
Ze geven blijk van hun bewondering,
Maar vinden nergens rust. Er is geen hel.

Wij lazen op een stenen bank van hout
Een boek dat dicht was, langs de hemel dreven
Dolfijnen, het was dertig graden koud.
Al honderd jaren waren wij daar even.

Wij zaten staandevoets. Voor onze rug
Verrees het groene landschap van beton.
De bloemen groeiden in de grond terug.
Er schoten zwarte stralen uit de zon.

We zagen woorden die niet zichtbaar waren.
We luisterden naar ongehoorde blikken.
We lieten onze blindheid klanken baren.
We koesterden de liefde om van te schrikken.

Als alle mensen op hun handen liepen
En ankers bleven drijven op de Rijn,
Als oesters ongehoorde dingen riepen
En naalden ons doorstaken zonder pijn,

Als kangoeroes in hemelbedden sliepen
En mummies konden zingen in hun schrijn,
Als piramiden soepel zouden zwiepen
En modderbaden geurden naar jasmijn,

Als reuzen gingen zwemmen in 't ondiepe
En er geen einde kwam aan dit refrein,
Dan hoorde ik een raamkozijn zacht piepen
En kuste jij me, dwars door het gordijn.

VOILE

De kerk is in een loopgraaf weggezakt
En een kanon zweeft aan een vliegertouw.
Verzin nu niets. Beschrijf alleen exact
Wat je kunt zien en schud niets uit je mouw.

Vertrouw geen vage beelden. Fantasie
Is goed voor vrouwen. 'Voor een man taboe.'
Uit de kanonloop valt een relikwie.
Een witte sluier dekt de loopgraaf toe.

De spits zakt dieper. Kleiner wordt de loop.
De rest is sneeuw. Het witte licht doet pijn.
Twee vlekken nog. De vlekken liefde en hoop
Die er ook weldra niet meer zullen zijn.

ANTIPODE

Bewaar me voor de helderheid der dingen,
Het schone hemd, de reidans en de zon.
Geef mij het spiegelbeeld, herinneringen,
De vale schutskleur van het kameleon.

Ik ben er niet. Geen bloedbaan ruist in mij.
Ik leef in schaduwen, ben nameloos.
Laat me verdorren in het wintertij,
Ver van de zomers met hun hels gehoos.

Ik kan de lichte stormen niet verdragen.
Kijk niet naar me. Behoed me voor die pijn.
O camera. O beeld van welbehagen.
Laat me van dit de antipode zijn.

Er springen doden van de foto's. Mythen
Zijn transparant als glas. Er vallen kogels
Uit graven: zie hoe ze de lucht in schieten.
Alleen het woord reptielen rijmt op vogels.

Er stormen lege jassen door de straat.
Je ziet hoe tunnels gulzig licht opslokken
Terwijl het nergens – door geen kier – uitgaat.
Mobiele wijzerplaten vormen klokken.

Wel een kwartier duurt de belichtingstijd.
Wat vaag is balt zich samen tot abces.
Je bent je harteklop volledig kwijt
En kijkt ernaar in een sterkwaterfles.

De gaafheid ligt in het gebrokene.
Wie rechtop gaat is minder dan een slaaf.
Het zwijgen zit in het gesprokene.
Wie bukt is rechter dan een ijzerstaaf.

De beste hengel werpt men in de lucht.
In palmen spiegelt zich het watervlak.
De zee is het domein van vogelvlucht
En uit de vruchtentrossen groeit de tak.

Het hoofd draagt schoenen en de voet een pruik.
De mond die waarheid meedeelt heeft het mis.
De rug heeft ogen, rugpijn heeft de buik
En alles is er—in wat er niet is.

Er groeien zwammen uit de hanebalken.
De kreeft loopt vooruit. Hoofdpijn heeft de maag.
De vis probeert een hengel te verschalken.
Er hijgt een foetus in de sarcofaag.

Een kroonluchter stijgt op uit het moeras.
Sirenes neuriën. En harpen gillen.
De vrouw is zwanger van een urn met as.
Het zwijn probeert een boerenknecht te villen.

De kachel loeit van pijn. Het standbeeld lacht.
Het onderscheid tussen wat is en schijnt
Is rondom opgeheven. Hedennacht
Verscheen de eenhoorn aan mijn voeteneind.

Verschroeide aarde – de geschiedenis.
Bedenk dat alle waardevolle daden
In tuinen groeien waar te wieden is
En dat er nooit gesnoeid wordt in de kwade.

De takken kruipen diep weg in de grond.
Er is daarboven bijna niets gebleven.
Tussen de stronken sluipt de bonte hond.
Scharminkelig, verdomme, is het leven.

Maar in de aarde klinkt het grote grommen.
Het bier schuimt in de graven. De champagne
Maakt capriolen in de schedelkommen.
Er heerst een soort van huiselijk oranje.

De wereld is gekanteld. Op de wolken
Staan kolenmijnen. Telescopen steken
De hemel in. Je ziet er zeeën kolken.
Diep in de schachten weent een engel. Beken

Doorstuiven het heelal. Je hoort van verre
De weemakende zang van acolieten.
Een maanrif en een meteoor versperren
De toegang tot de stad. Antennesprieten

Doorboren gillend het lazuur. Een spin
Vangt in haar web het hemelse gordijn.
Ik zelf verdwijn vertraagd en statig in
Het niets. Ik ben al als een punt zo klein.

De tijd is op. Wat onder was werd boven
En het glazuur sprong van de eeuwigheid.
De bodem trilt. We leven in een oven.
Nog even en we zijn het vuur ook kwijt.

Platvissen zwemmen nog door stilstaand water.
Ze drinken alles leeg en vallen om.
De wereld droogt en krimpt. Een laatste krater
Haalt adem en lanceert haar als een bom.

Een heel eind verder zal, in een heelal
Waar vlinders dansen en waar bijen gonzen,
De aarde die van ons was als een bal
Geruisloos op een verend grasveld plonzen.

GESLOTEN CIRCUIT

(1982)

CHAOS

I

Hem vliegen losse woorden naar de keel.
Een grenspaal. Vale paarden. Takkenbossen.
Oog. Krijt. Een legioen. Gevaar. Vuilgeel.
Ze dansen door het luchtruim. Zie ze hossen.

Hij kan er op papier niets mee verlossen
Wat lijkt op een gedicht. Verdomd. Niets past er.
Wat moet een woord als wolken naast kolossen?
Hij deponeert ze in zijn hoofd. Kadaster.

Het lijkt of ze voorgoed begraven zijn.
Maar vroeg of laat begint een dunne draad,
Gesponnen uit melancholie en pijn,

Van woord tot woord een weg te zoeken om
Een web te weven—stom en delicaat—
Waaruit ineens een vers valt. Als een bom.

2

Tussen de doodshoofden en steenkolossen,
Over een wilde steppe, wit van krijt,
Rijden de heksen met hun takkenbossen
Op vale paarden. Het is wintertijd.

Ze vrezen geen gevaar. De steppe is wijd.
Het krijt gaat over in vuilgele mossen.
En zomer is het. Langs de hemel schrijdt
Een legioen van lichte zonnerossen.

Dan trekt de lucht weer dicht. De wolken dijen
Uiteen en krimpen, en een wervelwind
Tilt alles op. Omhoog stuivende keien
Verbrijzelen de paardeogen. Blind

Zijn ook de heksen nu. Ze razen voort.
Het is weer zomer. Het maakt geen verschil.
Van grenspalen heeft hier geen heks gehoord.
Het is alsof geen paard hier sterven wil.

3

Als alles raast en kolkt en kookt en spat
Houdt dan een woord als grenspaal nog wel stand?
Of springt de watergolf over de rand
Van het gedicht en maakt de bladzij nat?

Vliegt dan het boek dat dit gedicht bevat
Niet acrobatisch dansend uit uw hand,
Als door een windhoos opgetild, totdat
De inhoud zuigend losschiet uit de band?

Ontploft het vers, zodat uw hand verbrandt?
Zakt u met boek en al in een zwart gat?
De dichter is niet slechts een simulant
Maar hij verbeeldt zich ook nog wonder wat.

ARLEQUINO'S EI

I

Je kan een vers aantrekken als een broek:
Krap, wijd, op maat, zoals je bent gestemd.
Er is voor elke denkbare invalshoek
Een andere broek. (Er is één priesterhemd.)

Je neemt een bonte broek bij overmoed,
Een streepje—als het grilligheid beduidt.
Maar wit bij durf of gril, dat is ook goed.
Een dichter kan steeds alle kanten uit.

Hij kan, als hij de dood in zich voelt razen,
Een hymne schrijven op Edammer kazen,
Maar ook uitbarsten in een woest geschrei.

Of hij vergeet de smart. De kaas erbij.
Hij spot ermee en wringt zich door de mazen.
Hij schudt het van zich af en is weer vrij.

2

Stel, dat je een gedicht zou schrijven over
'n Ei, je liet dat ei met een verbale,
Fenomenale toverij door 't lover
Zweven, je liet het aan de einder dalen

En rijzen – een eivormig pompgemaal!
Je liet het ei ook steeds van kleur verschieten,
Dan geel, dan blauw. Of: op de eierschaal
Schilderde je een wilde pracht margrieten.

Het ei zou zwellen, slinken, alles kan
De dichter, o, hij maakt er met gemak
Zelfs iets volkomen oneiachtigs van.

Een zieke man, een waaiervormig iets.
Het werd een krakeling, een damesfiets.
Maar 't vers was *niets* wanneer 't ei niet brak.

3

’t Ei breekt. Wat doet de dichter met de dooier?
Hij hangt zich vol met krulwerk en guirlandes,
Als een versierde meiboom. Maar dan mooier.
Hij danst een samba en een sarabande.

Hij speelt voor koning en hij speelt voor schooier.
De bloemen wiegen mee, vogels ontploffen
Boven zijn hoofd, de rooie zon wordt rooier.
Steeds weet hij zich weer anders op te doffen.

Hij speelt voor schout bij nacht en erfgooier.
Hij speelt voor dit, voor dat. Hij gaat tekeer.
Zijn ogen worden rond als kersepitten,

En van zijn lippen rolt gekwinkeleer.
Hij denkt aan alles, maar vergeet de dooier
En gaat er, uitgedanst en wel, op zitten.

4

Wat doe je met een eivlek op je gat?
Je kijkt bedremmeld, voelt je ietwat nat.
Je moet maar zwijgen. Je had liever dat
Er op je kont geen vlek gezeten had.

Waarom verdween dat ei niet in het niets?
Het werd toch met gemak een damesfiets?
En was het soms geen waaiervormig iets?
Nu hangt er zo'n versiersel aan je fiets.

Je voelt nu, in je broek met gele stippen,
Slechts achternagezeten door wat kippen,
Wat het betekent om een zot te zijn.

Je moet je malle fratsen nu maar staken.
Je moet je broek uittrekken, harlekijn,
En voortaan moet je naakt je verzen maken.

DE MONUMENTEN

I

Reclamesterren staan er aan de hemel,
Te wit, te tinkelend; een minaret
Verwacht je elk moment, en het gefemel
Van een muezzin, luidop in gebed.

En al te blauw welft zich de lucht; kemels
Daaronder, in de steeg hoor je hun tred.
Daar *is* de minaret. Ook al te hemels.
Te schoon en blinkend oogt het lazaret.

Je ziét de witte lakens. De moskeeën,
Blank zijn ze, blank.–Onder dezelfde sterren
Ligt nog een stad, die niemand kent. De weeën
En galm ervan verneem je al van verre.

2

Daar wordt een dode nooit meteen begraven,
Geen stof geveegd. Geen asfalteermachine
Dicht gaten in de straat. Daar zijn geen brave
Aartstegenstanders van het onvoorziene,

Geen bedden, rij aan rij, als serpentine,
Waarin ze zieken aan het oog onttrekken.
Elk huis vervalt er doodkalm tot ruïne.
Elk mens kan er vrijuit op straat verrekken.

Elk monument zakt ongestoord ineen
En op een zomaar wandelende dame
Stort zich de pest. Dáár ligt haar grote teen.
Het is een echte stad, en geen reclame.

3

Wie zieken opbergt in die stad of–vuiger!–
Ruïnes met een bulldozer verplet,
Wordt zonder meer buiten de poort gezet.
Er is geen groter kwaad dan de stofzuiger.

De straten zijn steeds anders; wat vandaag
Nog rechtop staat kan straks al zijn gevallen.
Soms zie je stervenden bij honderdtallen
Waar gisteren nog maar een drietal maag-

Patiënten lag. Het wisselt razendsnel.
Het is verboden, daar, een huis te bouwen
Waarvan de muren het te lang uithouen.
Twee weken op z'n hoogst, dat is het wel.

4

Gebouwen zijn aandoenlijk als ruïne.
Hun ziel ligt bloot. Paleizen, kerken, banken,
Geen sterveling die weet waartoe ze dienen.
Je hoort dus overal de luide klanken

Van tuba en trompet en mandoline
En ziet er mensen langs de straten trekken
Met feestgetoeter en plezier voor tienen.
Dit is een stad van louter lachebekken.

Hun meester is de Dood. Wat kan ze deren?
Wie maakt zich druk om eer en geld verdienen?
Ze dansen tot de ochtend, en verteren
Veel spijs en rijnwijn, waarna aspirine.

5

Hij is gelukkig, die zijn monumenten
Uiteen ziet vallen, en zijn hoofd neerlegt
Op haren kussens in gelooide tenten,
Waar aardse heerlijkheid hem niets meer zegt.

Hij is gelukkig, die met open ramen
Kan leven, waardoor ongedierte zoemt
En ratten dansen, hij, die de infame
Melaatse van weleer zijn broeder noemt.

De vleermuis is zijn metgezel, het stof
Zijn goud, hij zingt een zeer vertrouwde wijs.
Daar vált weer een façade, met een plof.
'Momentopname van het paradijs.'

6

De huizen kermen en de mensen juichen:
De weeën van de dood worden gevierd.
De hele stad ligt, straat na straat, in duigen,
Maar op de puinhoop klinkt getierelier.

De klanken van die dodenstad verwaaien
En drijven naar de schoongewassen stad
En wentelen daar rond de blanke, fraaie
Moskeeën, als een derwisj op een mat.

De minaret blijft doodstil staan, maar onder
De Perzische tapijten en de lakens
Roert zich, opbollend, zonderling gedonder,
Alsof veel pijn zich moeizaam los wil maken.

HET BINNENHUIS

SOUVENIR

Het huis waarin ik zo lang heb gewoond
Woont ook in mij. De fiere gevel die
Zich aan de straatkant scherp aftekent troont
Daarboven met dezelfde acribie.

Daarboven in mijn hoofd. De lange gangen
Vol schemering en half-gedoofde stappen
Doorsnijden hersenen en huis, behangen
Met kille doeken en met lampekappen.

Het zolderraam dat oorverdovend beeft
Wanneer een vrachtauto passeert, ziet uit
Op een verlaten park. Erover zweeft
Het gruis van een oud feest, zonder geluid.

NIEUWSGIERIGHEID

Er is een kamer die nooit opengaat.
Waarom, dat weet ik eigenlijk niet goed.
Heel vaag vermoed ik dat er straf op staat,
Al weet ik ook niet wie me straffen moet.

Ik sta soms voor de deur en aarzel even.
Dan loop ik verder. Laat ik het vergeten.
Er moeten in je hersens ruimtes zweven
Waarvan het beter is om niets te weten.

Ik heb de deur toch op een kier gezet.
Er zitten mensen op een rij. Ze smeken
Mij: Ga terug, terug. Ik zie nog net
Hun oogbol smelten en hun haar verbleken.

SCHADUW

De schaars verlichte overloop vierhoog
Herbergt een kast, waarin ik op een morgen
Een deel zoek van De Jonge Geoloog.
Ik weet dat ik het daar heb weggeborgen.

Het was maar een los deel. Ik graaf. Er staan
Veel boeken daar, tot hoog tegen de muur.
Het stof waait op. Ik hoor het buiten slaan:
De torenklok vermoordt alweer een uur.

Dan word ik duizelig. De overloop
Waar ik op liep als kind verscheen in mij.
Een lamp werd aangestoken. Zachtjes sloop
Een vreselijke schaduw naderbij.

Het dak doorklieft de wolken. Schuimend water
Spat op tegen de gevel. In de goot
Strijkt af en toe een vogel neer. Gesnater:
Wat is dit voor een zonderlinge boot?

Een storm steekt op. De woning deint en schommelt.
De vensterglazen worden stralend helder.
De donderwolken gloeien. En het rommelt
–Of ladingen verschuiven–in de kelder.

Ik houd mijn hoofd opzij. De planken kraken
En in de oorschelp kolkt het. Schotten breken,
Of een vergeten vracht zich los wil maken
Om door mijn witte ogen heen te steken.

Een doodgewone kamer, zo te zien.
Een hersencel. Haarwortels als plafond.
Veel stof, dat wel. Een magazijn misschien.
Maar toch intiem. Niet iets van een salon.

Het is de eerste keer dat ik hier ben.
Ik durfde nooit naar binnen. Door de deur,
Die ik al sinds mijn kinderjaren ken,
Drong steeds zo'n weeë, penetrante geur.

Daar staat een ladenkast. Ik overwin
Mijn schroom. En la na la komt, met kordate
Gebaren, bloot. Er liggen dozen in.
Ik weet dat ik *die* eeuwig dicht moet laten.

Ik haal infame en aangename dingen
Naar boven uit het helse labyrint
Van mijn onzichtbare verzamelingen
En hoop dat ik de laatste schakel vind.

Ik keur elk voorwerp, diadeem of prol.
Ik wandel van de serre naar de stalling.
Ik kruip onder de planken als een mol.
Niets klikt. Dit wordt een moeilijke bevalling.

Dan voel ik, in de kamer rondom mij,
Een schok. De plinten knallen van de muur
En wat ik zocht sist langs de vloer voorbij.
Mijn hoofd is leeg. De kamer is vol vuur.

VERGEETKAST

Het huis verkeert in slaap en duisternis.
Het is, van buitenaf, een dooie boel.
Maar midden in die lemen moloch is
Een lamp vergeten. Ze verlicht een koel

Vertrek met strenge meubels. Zonder ramen.
Het geurt er fris, naar dauw en berkebast.
Het licht valt in een uiteraard voorname,
Maar met veel rommel volgestouwde kast.

In gindse hoek staat nog een kastje open.
Vervallen, arm. Het licht kan er net komen.
Daar liggen, als gesteven kussenslopen
En blinkend witte lakens, al mijn dromen.

OBSTAKEL

Al lijkt de woning dromerig en kalm,
Van binnen heerst er een immens gedruis.
Steeds weer verhuist dezelfde kamerpalm.
Als een rotonde hijgt het trappehuis.

Er wordt als een waanzinnige gesluisd.
Wel honderdmaal kwam al die doos voorbij.
Men rent er ordeloos en onbesuisd
In 't rond, maar botst toch niet. Geen averij.

Het wonderlijkst is nog dat op de grond
Een koffer ligt die niemand schijnt te zien.
Men springt er zwijgend over. Door de lont
Die uit de dubbele bodem steekt misschien?

Ik zat als ruiter op het dak. Het huis
Verdween en even hing ik daar wijdbeens
–De holte van de nok nog in mijn kruis–
Om dan omver te tuimelen. Ineens.

Ik tolde door een schacht die er niet was.
Ik werd met duizend glazen meubelstukken
En snelkookpannen–ijler nog dan gas–
Omlaag gezogen, zonder ongelukken.

Ik zocht door deze koker van verlangen
De dood op, maar ik stortte op een donzen,
Onzichtbaar vangnet neer en bleef zo hangen,
Vlak voor ik in het keldergat kon plonzen.

DE KLUIZENAAR

I

Deuren toe. Verlangend
Naar vergetelheid
Heb ik mij ten langen
Leste neergevlijd.

Kamer zonder ramen,
Elk spoor uitgewist.
Niemand kent mijn naam en
Niemand die me mist.

Onaantastbaar ben ik.
Ver van razernij.
Niemand werpt een blik,
Werpt een steen op mij.

Spinnewebben dekken
Alles toe wat was.
Niemand kan me wekken.
Haast ben ik van glas.

2

Maar in late uren
–Alles is aan kant–
Treden er figuren
Op mijn kamerwand.

Hoe ik blijf proberen
Om ze, hard en stug,
Van mijn muur te weren,
Eén keert steeds terug.

Vurig staan zijn ogen
In mijn zwarte cel.
Met zijn ellebogen
Opent hij de hel.

Hitte. Onverwacht
–Duivel uit een doos–
Toont hij zijn geslacht:
Weerloos, weergaloos.

3

Wanden scheuren, hamers
Slaan, katrollen zwoegen.
Marteltuig. Mijn kamer
Kraakt in al haar voegen.

Chaos is de meester.
Rondom dampt het kruit.
Langzaam stijgt het beest er,
Zie ik, bovenuit.

Door een holle plint
Boven een gewelf
Krijst van angst een kind.
Hoor! Ik hoor mezelf.

(Op een overweg
Snakt naar lucht een kieuw.)
Al mijn rust is weg.
Dood. Ik sterf opnieuw.

4

Jongen op mijn muur
Die mij hebt bekoord
In het avonduur;
Die mij hebt vermoord;

Wek mij weer tot leven
Door je warme wang
Niet te laten beven
Op mijn koud behang;

Door de bloedkoralen
Parels in je hand
Niet te laten stralen
Op mijn blinde wand;

Door je wreed relaas
Niet meer te vertellen.
Teerder nog dan gaas
Zijn ascetencellen.

DE PHOENIX SPREEKT

(1982)

Mijn veren glansden. Ik was rond en vet.
Er leek iets voor me weggelegd. Een taak.
Nu ben ik mager, dor. Een klarinet.
Een pijpesteel. Ik huiver nu. Ik kraak.

Ik werd geboren op een geurend bed.
De wereld om me leek nog in de maak.
Nu stinkt ze. 'n Hartverscheurend lazaret.
Ik die een palm was ben een bonestaak.

Bleek ril ik. Ik die eenmaal heb gewuifd.
Zie, hoe ik ril. Was ik ooit voorbestemd
Om mensen te verlossen? Ik? Er schuift

Een purperrode ring die mij beklemt
Rondom mijn dos, waar hete as door stuift.
Nog even en ik sta, kaal, in mijn hemd.

Dan, uit mijn doodsbed, zal een worm verrijzen,
Een worm die groeit en groeit en waaruit ik
Opnieuw ontsta, op wonderlijke wijze.
Ik glans weer als voorheen. Ben even dik.

Ik sla mijn vleugels uit. Maak wereldreizen.
De stank verdrijf ik louter door mijn blik.
Ik schep rondom me hollebollegijzen
Zodra ik maar een slanke steel aantik.

Er zal geen honger zijn. Geen onbegrip.
Geen keten zal een sterveling insnoeren.
De voortplanting gaat simpelweg per rib.

Belangeloos zullen de duiven koeren.
Mijn volgelingen hangen aan mijn lip,
Terwijl ik niets doe dan wat ouwehoeren.

Ik ben niet dor. Niet dik. Ik ben gekooid
In mijn onbreekbaar ei. Hier, binnenin,
Vier ik mijn dromen bot en nooit, nee nooit
Komt er een mens voorbij met tijd of zin

Of aandacht of belustheid op gewin
Die naar mij vraagt. Mijn lot hier gooit
Geen hoge ogen. Men verroert geen vin.
Daarom blijf ik voor eeuwig onvoltooid.

Ik rol vergeten door de tijd. Ik ken
De weg niet meer. Geen vreugde, geen verdriet
Beroert me. Een verouderd specimen

Ben ik, niets dan een drogbeeld van de pen.
Ik ben er wel, maar niemand die me ziet.
Ik weet ook zelf niet eens meer wie ik ben.

VERSPREIDE GEDICHTEN

(t/m 1984)

AAN MIJN NAVOLGERS

Wat hebben jullie van de dood gezongen,
Wat verkochten jullie mijn liefdevolle
Citroenen voor een handvol Tollensknollen!
Niet iedere aap heeft mooie jongen.

Je droomde dat je reisde in een trein.
Je had een boek op schoot. Je las eruit.
De wereld die voorbijschoof aan de ruit
Ontging je. Je onderging alleen de pijn

Van liefde in een opzwepende roman.
Je leefde mee met al het wel en wee.
Zo kan alleen voor een vergeten man
Bloedlauwe gloed ontstaan in een coupé.

Je was op bladzij honderdzeventien
En daar verdwijnt de trein een tunnel in.
Je kon geen hand, vervloekt, voor ogen zien.
Je zat maar en verroerde daar geen vin.

De wand weerkaatste ploffend het getjoek.
Na uren werd het licht. Je zat er nog,
Maar hield nu in je handen stof, bedrog.
Je tuurde naar een onherkenbaar boek.

Het was als na het vallen van een doek.
Een mens doorkruist zo dikwijls tunnels, ach,
Wat ooit begint als hartslag en gelach
Raakt als een zakmes uit een jongensbroekzak zoek.

Buiten is het windstil en ijzig.
Een tor trekt langs het raam een streep:
De dekschilden aan de rand wat grijzig,
En verder glad als huishoudzeep.

Je zit over een reisgids gebogen
Totdat het schaatsen van de tor
Je aandacht trekt; zijn akelig hoge
Piepgeluid lijkt je meteen niet snor.

En je staat op; je kijkt naar buiten
En je ziet: alleen maar duisternis.
Je hoort ook nergens een geluid en
Je weet nu: het is st.-juttemis.

De zoldering was wit en rood en goud.
Van stralend zilverdraad was het gordijn.
De lambrizering was van ebbehout,

Je zag veel gaas en zijde en satijn. –
Als glazen parelsnoeren, rij aan rij,
Glansden de vloeren van de galerij.

Daar, op een broze canapé, lag zij
– Tussen de rozen en de roosmarijn –
Te vozen met een hijgend everzwijn.
Het hurkte in een verwerpelijke pose
Over haar heen. Ze tjoekten als een trein
Onder het krakend helder baldakijn.

Wat was dat voor een geluid?
Is een brug of een steiger bezweken?
Bleef een prop in de uitlaat steken?

Schoot een torenmast onderuit?
Of weende het vingerhoedskruid?
(Om maar eens met dichters te spreken.)

Er klonk boven Schiermonnikoog
Een hoog en mistroostig gefluit.
(De ogen hielden 't niet droog.)

En 't knetterde.–Er klonken ook
Kopstemmen–op klaarlichte dag.

Tot op Ameland zag je de rook.
Of je een nekslag kreeg met een pook.

Een park. Er komt een man de hoek om, deftig.
Geen mens te zien. Er staat een koudbloedpaard
Achter een hek. Het schudt haar manen heftig.
De man schuift langs haar heen. Stil, zonder vaart.

Zijn wangen zijn gepoederd. Zwartomrand
Zijn ogen. Hij is mager. Zilverwit.
Hij brengt als een verwelkte faun zijn hand
Omhoog, denkt na, ontbloot zijn dor gebit.

Hij keert terug en staart het paard lang aan.
Dan trilt hij, dan beweegt hij zich, zoals
Hij dat in jaren niet meer heeft gedaan.

Hij danst voor haar. Een tango en een wals.
Hij danst. Hij danst tot hij niet meer kan staan
En valt de merrie huilend om de hals.

Je luistert naar een klederdrachtkapel:
Vals in de hoge tonen, en vermoeid.
Hoor: de trompet speelt 'n stormachtig spel.
Je handen beven en je voorhoofd gloeit.

De blinden van de zaal zijn neergelaten.
Je zit in 't Kurhaus tussen 't vast publiek
Van invaliden, nonnen, renegaten,
Verslaafd, als jij, aan deze glasmuziek.

En de Trompetter lijkt zózeer op jou
Dat je je zelf verdampt, verloren waant...
Je voelt alleen een wisseling van kou
En warmte. – En hoe je netvlies traant.

Altijd met koper was je al vreeslijk bang.
(Zoals de waldhoorn bromt, de tuba schreit!)
Nu is er iets infamers aan de gang:
Je bent je lichaam aan een vreemde kwijt.

Onder een wankele kristallen luchter,
Met witte zijden kousen tot je knie,
Met zwarte, hoge hoed, blaas je geduchter
En steeds geduchter, hoempa, een-twee-drie,

Met zwier en hovaardij je repertoire.
'Hij heeft mij in het Zwarte Woud gekust.'
Je tuurt met strakke blik de zaal in, waar
Een lichaam naar je luistert, uitgeblust,

Met doffe oogopslag, dat op je lijkt.
Wie is dat toch, die hinderlijke man
Die uit dat levenloze duister naar je kijkt?
Je krijgt het er haast koud en warm van.

De waldhoorn stokt en in de luchter doven
De glasfacetten. Hoor: het schrille, hoge
Geluid van jouw trompet weerklinkt nog over
Die pop van klei daar met zijn loden ogen.

Hoe droevig zijn de blinde dwazen,
Op wind worden ze voortgeblazen.
Ze dansen onder zon en maan,
Achter hun vingertoppen aan.

In roekeloze, broze draf
Stoot soms een dwaas op een giraf.
Hij klimt erin, hij klimt erop,
Hij troont op de giraffekop.

Uit alle windrichtingen snellen
Dan honderdtallen pulcinellen
Naar de giraf. De nood is groot
In het verkwijnend avondrood.

Ze drommen samen om het dier
En ze bevoelen iedere spier,
Ze azen in elk beengewricht
Op het verlossende bericht.

Maar vinden niets in de giraf
Dan stilte en ze druipen af...
Een paar zoeken het hogerop:
Er hokt al iemand op de kop.

Giraffen staan op hoge stelen
En hebben halzen waarin vele
Herinneringen bleven steken
Aan wijze raad, aan oude streken.

Ook huizen vale etensresten
Van rode kool en vogelnesten
Te midden van een groot gedruis
In hun zo onverlichte buis.

Begerig zoekt de blinde dwaas
De bron op van het fel geraas.
Het sneeuwt vanuit de lange keel,
Het sneeuwt geluiden, hel en veel.

Het sneeuwt geluiden, gaaf en heel.
De hansworst beeft. – Het merendeel
Der wijze klanken vat hij niet.
Het is een raadselachtig lied.

Hij luistert maar hij vindt geen baat
Bij die fontein van zwarte raad.
't Is donker. Allen zijn verdwenen.
De blinde dwaas zit stil te wenen.

't Is nacht. Op de giraffekop
Zit hij als een bedrogen pop.
Het hoge halsgat sneeuwt en sneeuwt.
De dode pop daalt af en geeuwt.

Het is steeds eender wat ik zoek:
Een mooie jongen, een mooi boek.
Of ik een huid streel of een band,
Er is alleen maar buitenkant.

Alleen de domme wantrouwt de schijn.
Je zag eens, in een blauwgeruite kiel,
Iemand aankomen op een goederentrein.
Hij draaide aan iets dat leek op een wiel.

Je dacht: dat is waarachtig Michiel.
De heuvels werden groene zeeën
Waarop, als een albatros, je ziel
Van geluk bijna was uitgeglejen.

'Je was in je meest nautische nopjes.'
Triomferend wapperde je overjas.
Toen floot de trein. Toen lag je op je
Neus, naast de rails, in een waterplas.

Plotseling viel het hele huis vol gaten.
In elke hoek ontlook een ruiker buizen
En uit de meest bizarre apparaten
Ronkte en snorde het. Je hoorde suizen,
Ratelen, zagen, boren, bovenmate.
Een wolk van stof steeg op. De katten holden
Radeloos van de kelder naar de zolder.
Opeens–kwam er een einde aan hun kolder.
Stil, muisstil werd het. Uit het gruis rees, fier,
Omhoog wat niets had van een fabeldier.

We zaten samen in een oud kasteel.
Het had geen vloeren en geen dak. Geen muur.
So what? Kastelen zeiden ons niet veel.
Het was een halfvervallen boerenschuur.

We hadden al die tijd een goed gesprek.
Niets van belang. De politiek, het weer.
De liefde? Ja, daar waren we mooi gek.
Het waren borrelpraatjes en niets meer.

We dronken poëzie uit een karaf.
Van het goedkoopste glas. Niet van kristal.
De inhoud? Niets dan droesem. Niets dan draf.
Het was een poëzie van niemendal.

Het gekke is: als je 'een vers' wilt schrijven,
Dan lukt het ook. Ben je een virtuoos?
Je was toch enkel goed in het bedrijven
Van toverkunsten uit de oude doos?

Je deugde toch voor niets, als een derzulken
Wier leven van Al 't Hogere is gespeend?
Je zat altoos maar uit je neus te pulken,
Nooit zei je eens iets 'wat echt is gemeend'.

En toch, als je je slechtste vers neerschrijft,
Is het nog beter dan het beste van de
Half-goeie dichters. Dat is buiten kijf.
Hun vers is ernst, het jouwe contrabande.

Terwijl je deze eerste regel schrijft
Weerklinkt de telefoon met luid geraas.
Je denkt dat je maar aan 't schrijven blijft
Ondanks die storing. Wie is hier de baas?

Laat rinkelen. *Een dichter kent geen tijd.*
Laat ratelen. *Al bellen ze zich blauw.*
Je bent, merk je, je concentratie kwijt
En weet niet goed meer wat je schrijven wou.

Je neemt jouw vel papier in ogenschouw.
Vijf regels nog! Het rinkelen gaat door.
Het dreunt, met holle hoonlach, in je oor.

Je moet die helse indringer maar gauw
Te woord staan als je vers nog lukken wil.
Net nu je dit bedenkt wordt het weer stil.

Er hing een lamp van dertienhonderd watt,
Zodat geen schaduw in de kamer viel.
Elk meubelstuk bezat een scherp profiel
En als een zee van licht verrees de mat.

Elk meubelstuk leek lukraak neergezet
Als door een reuzenhand, en langs de wand
Hijgde een veel te groot en zwaar buffet.
De hele kamer, leek het, stond in brand.

In lichtelaaie stond een korenmijt
Te gloeien op een schilderij, dat kleefde
Aan een der muren, zonder duur of tijd.

Het was of in de kamer niemand leefde.
Je zag er niets, ondanks het vele licht.
Zo is het, hoop je, ook in dit gedicht.

Verdwenen zijn het stof, de hersenspinsels
Van gisteren, de bange, doffe zorgen.
Het jaar ligt nog in witte, verse windsels.
Hier heerst de vrede van een nieuwjaarsmorgen.

Een zwartgekrulde jongen maakt een pop
Van sneeuw en daarbij danst hij op zijn tenen.
Hij zet de neus, een winterpeen, er op
En vult, in trance, de oogkassen met stenen.

Hij is zo jong. Zijn morgen is zo jong.
Elk jaar brengt deze stilte weer om zeep.
Nog voor de middag zal alweer de gong
Geslagen hebben, knalt opnieuw de zweep.

Ik kan mij niet bevrijden uit die ruimte.
Ze is maar klein. Ze past onder mijn duim.
Ik werd er in geduwd om een verzuim te
Herstellen, maar ik weet niet welk verzuim.

Een glazen bol met sneeuw. Ik kijk er naar
En zie hoe ik daar zit, gehurkt. Nooit mag
Mij één mens zeggen wat ik heb misdaan.
Ze grijnzen. 't Is daar altijd nieuwjaarsdag.

De Karlsbrücke. Een decembermorgen.
Een klok. Het is op slag van tienen.
Ik voel zijn jas van gabardine,
Zijn dunne lijf, daarin verborgen.

Ik denk aan sinaasappelbomen.
Zijn bed, vannacht, rook naar seringen.
Hij rilt. Hoort hij de krekels zingen?
We zien de zwarte Moldau stromen.

Ik weet maar weinig van zijn dromen.
Zal straks, zo tegen vieren, vijven,
Een mantel op het water drijven?
Hij had hem pas nog laten stomen.

Heel argeloos begin je een gedicht.
Een aantal letters, aangenaam van vorm.
Het gaat vanzelf. Er slibben regels dicht.
Ze zwijgen nog. Ze wachten op de storm.

Uit dode krullen, schreven, lijnen, halen
Ontstaan–geen mens die weet waaraan het ligt–
Schermutselingen tussen de vocalen.
De consonanten brommen mee, ontsticht.

Pas dan ontpopt zich iets als een bericht.
Een s.o.s. uit een ver paradijs.
De voorhang scheurt. Je schrikt van het gezicht.

Doe dicht je ogen. Raak niet van de wijs.
Tart niet de woordeloze bliksemschicht.
Bepaal je tot je e's en o's en ij's.

Er is geen vrijheid in de zandwoestijn,
Al staan er nergens hekken, nergens palen.
Het is maar beter–als je vrij wilt zijn–
Om sierlijk door een labyrint te dwalen.

Je stoot dan op veel dwang, in gang na gang,
Maar loopt de kans ook niet ten prooi te vallen
Aan plompe hekkenslopers, met hun drang
Naar één cachot, één helse cel voor allen.

Ze zien je niet. Je zit heel fraai gevangen.
Laat anderen gerust door ruimten razen,
Woestijnen scheppen, in hun fél verlangen

Naar vrijheid, laat ze volkeren verbazen
Met internationale strijdgezangen.
Er is, dacht ik, geen hoop voor zulke dwazen.

Je maakte in je droom een schilderij.
Je zette op een tafel voor een raam
Een eierdopje met daarin een ei.
Alles is wit. Geen rood van een cyclaam

Glom op de vensterbank. Geen blauweregen
Klom langs de ruit. Ernaast hing je een nest
(Een blanco doek) met jonge meeuwen. Tegen
Het venster doet de moedermeeuw haar best

Om bij het nest te komen. 't Raam is dicht.
Ze kan niet binnen. Hoor hun ijl geschrei!
Eronder staat een bank, waarop jij ligt.
Je droomt daar veilig van een spiegelei.

Dichters, we lezen ze met droge ogen.
Waar zijn de tijden van het hartebloed?
Waar de gezangen van het mededogen?
De litanieën, waar? Voorbij. Voorgoed.

Het bloed werd gruis. De tranen werden glas.
Het leed werd leed van bordkarton. Te koop
Kwam grimas, gil en wrede pijn. (*En masse*,
Per stuk, zoals je wil.) Azijn werd stroop.

De dichter, heden, is een zonderling.
Hij hangt de paljas uit voor zijn publiek.
Wat blijft: bezetenheid om één, één ding.
De wonden die hij likt. En de muziek.

Een vers is ballast. Zorg dat het vergaat.
Je kunt het slopen als je op het laatst
Een bom onder het deel dat er al staat,
Een landmijn in de laatste regel, plaatst.

Steek nu de lont vast aan. Een vrome wens.
Er is geen bom. Je bent gedwongen om
Je vers te vullen tot de verste grens.
Pas na een slalom stoot het op de bom.

Waarom schei je er, op dit punt beland,
Dan niet mee uit? Raak het niet langer aan.
Hier kan het nog. Maar verder gaat je hand.
Een vers moet rond zijn om niet te bestaan.

DE VAMPIER EN DE GRAFDELVER
of: de Antiquaar als doodsheraut

I

Boeken zijn doodkisten. Een aantal wanden
Met een verborgen raadseltaal ertussen.
Ik kan ze laten dansen in mijn handen.
Ik kan een hele wereld wakker kussen.

Ze vrezen niet zich aan te laten randen:
Ik hoef dus mijn geweten nooit te sussen.
Mij wacht zelfs niet de kleinste reprimande.
Ik mag, zoveel ik wil, mijn zinnen blussen.

Zie: ook *hun* zinnen slaken alle banden.
Eerst kwetteren ze schuchter als de mussen.
Dan raken ze in vuur en vlam. Ze branden.
Een jubelzang van Stradivariussen.

II

De hand is niet gemaakt om te bezitten.
De mond kan zich tot één kus niet beperken.
Ze willen dwalen. Graf na graf omspitten.
Ze springen van het orgel van de kerken

De orgiën in van de opiumkitten.
Ze warmen zich aan vale vleermuisvlerken
Of worden ijskoud van de middaghitte.
Terzijde gooien ze vaak meesterwerken

Om zich aan losse flarden vast te klitten.
Soms zien ze barden in de dorste klerken.
Toch rest ze van hun dwaze, dolle ritten
Uiteindelijk niets anders dan de zerken.

III

Je zou een boek behoren weg te gooien.
Als stof, op doorreis naar het Ongeziene.
Laat ze, zowel de slechte als de mooie,
Verpulveren in de verdwijnmachine.

Zo'n doodkist van papier, dat geeft maar vlooien.
Elk deuntje wordt uiteindelijk routine.
Er stroomt alleen maar gruis door zulke dooien.
Je keert nooit meer terug naar hun ruïne,

Maar bent alweer op zoek naar nieuwe prooien.
Want telkens moet je je *vers* bloed toedienen.
Zuig steeds meer kisten leeg, als je 't kan rooien.
Gelukkig zij die er iets aan verdienen.

TWEE WERELDEN

(1987)

I

Europa is een woord, als alle woorden
Verjaagd, vernederd. Aan de horizon
Dwarrelen nog wat vage slotaccoorden.
Geen die ze hoort. Van niets meer ziel of bron.

Arm troetelkind, te vaak, te schril geprezen
Met slechte adem, achterna gezeten
Door charlatans, bemind met bullepezen.
Alleen nog kermisvolk wist hoe je heette.

In het lawaai verdween je. Onbetreurd.
Achter de bergen, ver weg, waar ik woon,
Heeft niemand je zelfs maar gekend. Het geurt
Naar hout hier en men spreekt op zachte toon.

2

Zomaar wat woorden bij een open vuur.
Ze haken niet naar eeuwigheid noch malen
Ze om iets hoogs en schimmigs als cultuur.
Men doodt de tijd met oeroude verhalen.

Niet kunst schept vorm, de vormen scheppen kunst.
Men luistert hoffelijk hoe zich uit wind,
Gebaar en ritme–woorden zijn een gunst–
Opnieuw het al zo vaak gehoorde ontspint.

Niets slijt waar alles steeds opnieuw begint.
De woorden vliegen uit en hangen even
Als in het vlindernet van een broos kind
Dat ze snel vrijlaat. Het wil zelf ook leven.

3

De woorden vlogen verder, naar de steden.
Ze schiepen vorm, cultuur, en kneedden ons
Al struikelend, indachtig het verleden.
Ze maakten ziel uit stof en goud uit brons.

Ze werden slingerpijlen voor profeten,
Voor woekeraars contracten. Schietgebeden
Voor bange zondaars. Woorden werden kreten
En raakten, veil als pasmunt, afgereden.

De zon scheen in de stad. Er klonk een lach.
Een vogel floot. We voerden een gesprek.
Iets moois over de liefde. Niemand zag
De boksbeugel, de scherven op het hek.

4

Glasscherven op een schutting. Prikkeldraad.
Brandbommen. Tot het kweken van barbaren
Is enkel en alleen cultuur in staat.
'De woorden zijn niet langer wat ze waren.'

We hebben ze met zoveel tooi behangen
En voor zoveel gewichtigs ingelijfd,
We zijn door ze verplet. Geen zwanezang
Is ons vergund: alleen een echo blijft.

De echo van een taal die, onbedorven,
Van mond tot mond ging. 'Halte paradijs.'
Nog even, en ook die zal zijn verstorven.
Geen requiem. Geen oog zelfs voor de zeis.

5

De Ark gekapseisd, maar we dansen door.
We veinzen met een magazijn coulissen
Een Hof van Eden en we houden voor
Een Gordiaanse knoop de slapste klissen.

Soms vonkt er iets genie na, iets talent
Te midden van het grauwe straatrumoer,
Maar niemand die het koestert of herkent.
Men rent een koene sprint zonder parcours.

Waar steden en cultuur zijn als tumoren
In één groot waterhoofd, vermag alleen
Een afgezaagd refrein—als dit—de oren
Nog te bereiken. Slaap en nieuws zijn één.

6

Of nieuw of oud–het is amusement.
Puin. Lettergrepen. Niet om te bewaren.
Hun stank is ons, kadavers, te bekend.
Ze vragen mij me achter hen te scharen,

De politieke heren. Onvermoeid.
Het is het appelleren aan een geest
Die door hun eigen taal werd uitgeroeid.
Cultuur is al te zeer *hun* kind geweest.

Geen oog, geen hart, geen tijd voor regenbogen.
Ze hadden enkel handen om te wurgen.
Wantrouw vooral hun valse mededogen
Als ze zich nu gedragen als chirurgen.

7

Te laat, die rol. Ik loop door Amsterdam.
In dit apocalyptisch stadsgewoel
Ziet men de bloedgeul van het offerlam,
Cultuur genaamd. Geen wondzalf heelt die boel.

Hier janken, 's nachts, binnen de grachtengordels
De zielen. – Inquisitie, Sobibor.
Wie antwoordt ze? Wat moet er van ze worden?
Nooit schreeuwt dat eindeloze koor zich schor.

Geen tegenwoord brengt het ooit tot bedaren.
Ze krijten hoog. – De zon komt weer eens op.
Getjilp. En zie, de rondvaartboten varen.
Moeder tracteert goedsmoeds op zoute drop.

8

Zo'n nietig beeld. Toch stelt het meer gerust
Dan alle intellect–cafés, congressen–
Waarmee men het dood kind nog maar eens kust.
Men wekt geen leven met kartonnen messen.

Ja, meer gerust dan alle dansers zelf.
Ik min de dansers. Maar hun sprong is sier.
Muziek bouwt ons geen loopplank, geen gewelf.
Toch voerde *die* mij, woordeloos, van hier

Tot naar de stilste streek van Portugal.
Daar breng ik offers aan de schikgodinnen
Dat mij die boodschap nooit bereiken zal

Bij houtvuur, oud kristal en roomblank linnen:
'Heer, hoor, aan gene zijde van het dal,
Daar kruipt Europa als een spook naar binnen.'

VARIÉTÉ

.... fini
.... lieg
waarin de d................... die ik zie
samenvallen met het ding an sich.

Of zoiets......................... filosofie
.... etc. Genoeg. Teveel.
....
.... (repelsteel).

GOOISE VILLANELLE

We zaten bij Hamdorff in Laren
Om daar nog wat verder te praten
En waren niet meer te bedaren.

We namen te veel oude klare –
En dat na de lap Schweinebraten.
We zaten bij Hamdorff in Laren.

Er speelde een groep Magyaren.
Ze fiedelden hoogst uitgelaten
En waren niet meer te bedaren.

Ze dansten en maakten gebaren.
Dat hadden we niet in de gaten.
We zaten bij Hamdorff in Laren.

Toen raakten, God-zal-me-bewaren,
De strijkstokken in alle staten
En waren niet meer te bedaren.

Er sprongen verschillende snaren.
Er vielen bizarre hiaten.
We zaten bij Hamdorff in Laren
En waren niet meer te bedaren.

Als je het doorhebt kost het je geen zweet,
Het schrijven van een villanelle, nee,
Al ben je ook een derderangs poëet

En in de schone kunsten niet doorkneed.
Het is zo simpel als het ABC.
Als je het doorhebt kost het je geen zweet.

Je kiest een rijm–die zijn er bij de vleet–
En nóg een rijm; je weet, dat zijn er twee,
Al ben je ook een derderangs poëet.

Daarna pak je je pen op en je smeedt
Die rijmen rond een zelfbedacht cliché:
Als je het doorhebt kost het je geen zweet.

Een regel die te smal is maak je breed,
Te brede regels smaller: dat valt mee,
Al ben je ook een derderangs poëet.

Bij regel negentien ben je compleet.
Alweer een villanelle, hopsakee.
Als je het doorhebt kost het je geen zweet,
Al ben je ook een derderangs poëet.

naar Walter W. Skeat

A

Al wie zijn Aars laat openstaan
Brengt Aeolus Aroma Aan.

B

Al wie ze Bruin wil Bakken kent
Het Bier- en Bonensoeppatent.

C

Het Coprofiele deel der natie
Vreest maar één Crisis: Constipatie.

D

Zijn Dichtwerk Drukt de Drekpoëet
Direct in Dundruk uit zijn reet.

E

Eet hardgekookte Eieren
En Extra zult u beieren.

F

De Flatus en de Faeces zijn
Ook Flapuiten in het Latijn.

G

Wat Gaven wij om al dat Gas
Als er geen Geur en Galm bij was?

H

Al klinkt de wind ook Hard en Hoog,
Men Houdt zijn Hemd niet altijd droog.

I

Het achterdeel Is, naar bekend,
Het Ideaalste Instrument.

J

Een Jongenswind Joelt van Joehoe,
Een Juffrouw knijpt hem liever toe.

K

De Kleinste Kamer biedt aan allen
De Kans zonder Kanon te Knallen.

L

Als men er Liever wat meer Laat
Kan een Laxeermiddel geen kwaad.

M

His Master's Voice brengt Merde-platen:
Van Marsen tot Mondscheinsonate.

N

'Non olet!' roept een Nuf verlegen.
Ze liet er één met windkracht Negen.

O

Een O zo wondere Odeur
Ontsnapt soms Onze Onderdeur.

P

Een Petomaan Praat, Potverdorie,
Aan één stuk door a Posteriori.

Q

De Quinkslag is de Quintessens
Van de zeer Quebbelzieke pens.

R

Men brengt zich, in een Retirade,
Graag Ratelend zélf een aubade.

S

Shit is het Sleutelwoord. Shit is
Het Serum van Scatopolis.

T

Is een Toilet niet bovenal
Een Thuisoord voor Trompetgeschal?

U

Wat Un geluk dat ik Um heb:
Zo'n Uitgelaten Uitlaatklep.

V

De Veest eens Vents klinkt steeds Viriel.
Die Van een Vrouw als een Ventiel.

W

't Is ons, op de WC, geraaien
Met alle Winden mee te draaien.

X

Wie staande met X-benen schijt
Voelt steeds weer nix dan nattigheid.

Y

En wie in Yoga-houding drukt
Die geeft geen Yell als het hem lukt.

Z

Een Zetpil in het Zitvlees maakt
De Zachtste Zefier Zelfs bespraakt.

Denkend aan Holland
zie ik waardepapieren
snel door begerige
vingers gaan,
rijen op koopwaar
geile batavieren
als droge pruimen
op de kansel staan;
en in de geweldige
bankcatacomben
de hoererijen
met de krugerrand,
biljetten aan toonder,
bigotte mores,
erfgoed, vermolmend
in fiscaal verband.
De lucht hangt er laag
en de geest wordt er langzaam
in parlementaire
dampen gesmoord,
en op alle terreinen
is de stem van de koopman
met zijn ethische krampen
het meest aan het woord.

met dank aan H. Marsman

Is deze aarde een paradijs?
Ziet men de gier met duiven paren?
Zijn alle mensen even wijs?
Schept men papier uit oude klare?

Zijn vrouwentongen onbaatzuchtig?
Kan het luid stormen in een glas?
Zijn wintertruien ijl en luchtig?
Rijdt een Rolls Royce op butagas?

Kan men een oceaan opdweilen?
Zingt men een feestlied in mineur?
Kan men op korenvelden zeilen?
Snelt iemand door een dichte deur?

Haalt iemand ooit zijn schaduw in?
Klapwieken er gebraden lijsters?
Heeft een efebe een onderkin?
Kennen meerminnen likdoornpleisters?

Is er een schip De Goede Hoop?
Regeert de liefde oppermachtig?
Is Bacchus van de blauwe knoop?
Vergat Big Brother vierentachtig?

LICHAAM EN GEEST

(twee acrostichons)

Lichaam

Gewrichtsneurose, gonorroe, gesnik.
Eczeem, echolalie, eelt, etterwond.
Rotkreupel, rugverweking, rauwe pik.
Roos, rectumfistel, reuma, rode hond.

Infarct, infectieslijm, inheemse sjanker.
Trombose, tropenkolder, trauma, tic.
Kou, kerkhofhoest, kniewater, knokkelkanker.
Oorsuizing, oogvuil, onverhoedse hik.

Moeraskoorts, maagzweer, monomane blik.
Rachitis, rolberoerte, ruimtevrees.
Irisverdoffing, impotentie, ik.
Jichtknobbels, jubeltenen, jeukend vlees.

Geest

Gewillig, gulzig, grif grafwaarts gewend,
Een eervergeten eclipserende;
Roem, roddel, rotop-roeper, recensent
Rumoerig, rochelend riskerende;

Inferieur insect, x-maal in inkt,
Teerzwart, terneergelaten; telkenmale
–Koelbloedig, koppig koekoeksei-instinct–
Omhooggekropen, ons ontzet onthalend.

Moordneiging: maximaal–moraal: miniem;
Relativerend reeksen riddereden;
Inzonderheid incestueus intiem,
Jaknikkerachtig, jegens juryleden.

I

Een zwarte moriaan. Een ronde boog.
Een etersbaas die systematisch kaande.
Een op sandalen lopende agoog.
Een lege kuil. Een jaar met twaalf maanden.

Een ouwe zeebonk in een looien jas.
Een duizendje dat onlangs is gestolen.
Een schooier zonder geld. Een koe eet gras.
Er lag een kolk vlak naast de watermolen.

Een beker drinkbouillon. Een zak patat.
En op een zebrapad liep Willem Jansen.
Maar wat ik van dit alles niet bevat:
Vannacht heb ik gedroomd van knekeldansen.

2

Een vermiljoene maan. Een negenoog.
Een circusclown die automatisch traande.
Een tegenligger die zich niet bewoog.
Een halve uil. Vijf lauwe wintermaanden.

Een blauwe zeekreeft in een rooie plas.
Een duizendpoot met fonkelnieuwe zolen.
Een dooier zonder ei. Een slak geeft gas.
Er hing een wolk, achter de zon verscholen.

Een schuimvlok van beton. Een zwevend bad.
En ook een zebra zag ik die kon dansen.
Maar wat ik van dit alles niet bevat:
Vannacht heb ik gedroomd van Willem Jansen.

I

Hij wandelt en geen mens zegt hem gedag.
De Groot volgt blindelings zijn beide benen.
Soms dreigt hij met zijn stok. Als hij die dag
Naar huis terugkeert is zijn huis verdwenen.

Dat ziet hij niet. De Groot is immers blind.
Dat wil niet zeggen dat hij niet kan ruiken.
Rook walmt nogal. As voelt men op de wind.
Een blind man weet zijn zinnen te gebruiken.

Hij stampvoet. Met zijn benen kan hij veel.
De Groot is altijd dol geweest op schoppen.
Dan trapte hij zijn buren groen en geel
En uit een meisjeshand de kinderpoppen.

Een blinde bouwt als eerste op zijn been
En pas als hij geen keus heeft op zijn handen.
Zijn buren haten hem. Hij is gemeen.
Ze lieten ook zijn woning rustig branden.

2

Zijn buren lachen nu. Ze maken grappen.
Met in zijn neus de schroeigeur van zijn huis
Voelt hij de aandrang om ze dood te trappen.
Dan ebt de drift weer weg. Hij slaat een kruis.

(Om zo zijn handen iets te doen te geven.)
Hij is bedroefd. Dit is een dag van pech.
Zijn moeders bril is in het vuur gebleven.
Zijn Lorre dood. Zijn voetenbankje weg.

De Groot wordt haast door hartewee verpletterd.
Maar dan verzamelt hij zijn laatste moed
En waar zijn oor zegt dat er nog iets knettert
Gooit hij zijn stok verbitterd in de gloed.

Hij rent de straat op. Wil ook niets meer horen.
Een auto remt. Men kent het fenomeen.

moraal

Sinds hij zijn beide benen heeft verloren
Staat hij op goede voet met iedereen.

Ik wacht.
Er gebeurt niets.
Ik wacht nog steeds.
Er gebeurt nog steeds niets.
Als ik maar lang genoeg blijf wachten
Zal er een eeuwigheid niets gebeuren.

ENKELE VERTALINGEN

Je bent zo jong, en ik ben al zo oud,
Je bloed bonst heet, mijn aderen zijn koud,
Je jeugd is dons, mijn ouderdom van lood,
Toch smeult de as, al zijn de vlammen dood.

Het tere, nieuwe rijs breekt al te licht,
Maar zijn er stormen waar een eik voor zwicht?
Jij bent van ons de mooiste, een frisse loot,
Toch leeft de stronk, al zijn de bloemen dood.

Weet, idioot, die op je jeugd zo pocht:
De knop wordt door de vorst het eerst bezocht.
Je hebt geen weet van wat je wacht aan nood,
Jij dwaas en domoor: morgen moet je dood.

Naar Thomas Campion (1567-1620)

Er was een geest zo weg van haar:
De maan scheen nauw of hij stond klaar
Aan het bed waarin zij rozig sliep.
En woorden werden daar gehoord
Zoeter dan elk mensenwoord,
Zoals *hij* haar ziel aanriep.
Zoet, zo zoet, is hun giftig gezang,
De slangen met hun zilveren kelen
Die in hun schedels van mos en bederf
Zachtkens kwelen van 'sterf, o! sterf.'

O jonge ziel, leg af je vlees:
Vier in mijn koele tombe feest.
Ons bed is donker, zoet en groot;
De aarde wiegt ons eeuw na eeuw
Onder onze sprei van sneeuw
En ons warme laken van lood.
Zoet, zo zoet, is hun giftig gezang,
De slangen met hun zilveren kelen
Die in hun schedels van mos en bederf
Zachtkens kwelen van 'sterf, o! sterf.'

Naar Thomas Lovell Beddoes (1803-1849)

Mijn kind kwam thuis.
De zeewind waait nog door zijn haar.
Nog meldt zijn tred
Doorstane angst en niet te temmen zwerflust.

Van zilte spatten
Smeult zijn gebruinde jongenswang nog na:
Vrucht snel gerijpt
In hete werveling van verre zonnen.

Zijn lome blik
Kent al een niet voor mij bestemd geheim
En is omfloerst
Omdat zijn lente in onze winter trad.

Zo weergaloos
Ontlook hij dat ik hem haast schuw bekeek
En afzag van
Zijn mond die al een mond koos voor zijn kus.

Mijn arm omvat
Wat, niet door mijn toedoen, voor iemand anders
Groot werd en sterk–
Van mij, van mij, oneindig ver van mij.

Naar Stefan George (1868-1933)

Dat is de tijd, ziedaar—de Behemoth
Steekt uit het zilte vlak zijn neus naar buiten.
De mensen springen van de brandende schuiten
In groenig slijk, verlicht door vlammenrood.

De zielen zijn voor een paar schamele duiten
Verkocht in lorrenkramen, als oud schroot,
De harten uitgeloogd, de geesten dood.
De engelenschare laat haar zwepen fluiten.

Ze brengen in de huizen wurgend pijn,
Hun gramschap is onstuitbaar en vermetel.
Ze zwermen boven sacristie en schrijn,

Geen balk, geen steen daar houdt zijn vaste zetel.
Hun adem dampt. Een zwarte zonneschijn
Rust als salpeter op de helleketel.

Naar Hugo Ball (1886-1927)

Jawel! We dromen dikwijls hoe we, dronken
Van weelde door de stad als triomfator
Paraderen als door een licht amfitheater,
Waar naakte vrouwen op marmer pronken.

De wagen stuift als een vlucht meeuwen,
En puilt toch uit van kostelijke buit.
Een verblindend diamanten tuig omsluit
De leeuwin en de Tibetaanse leeuwen.

Daar knakt de wagen! Eensklaps openbaren
De leeuwen de kille woede van hun woestijn.
Wee! Wie kan ons nog behulpzaam zijn?
Wee! Ontferm u onzer!–De beesten paren.

Naar Jakob van Hoddis (1887-1942)

Ik wandel door een groeizaam labyrint–
gras waar je kijkt, en bloemen: wit, rood, blauw,
gele, oei-oei! zelfs groene. Ik jaag op jou.
Ik sla een hoek om, treed over een plint

een tempel in: één koele harmonie
na het gewemel buiten. Zonlicht plenst
pal op het beeld neer van een god (of mens)
wiens boog nog natrilt. Jezus!... En ik zie

geen pijl, waar ik ook kijk. Ben ik te laat?
Ik ijl het groen weer in, met snelle tred
neem ik een hoek twee, drie... daar lig je dan,

de pijl dwars door je hart. Ik roep–geen baat–
de goden aan. Je krimpt in tot skelet.
Een hyacint schiet uit je hersenpan.

Naar Jim Holmes (1924-1986)

Het boek van mijn vijand ligt bij De Slegte
En ik ben blij.
In grote hoeveelheden ligt het bij De Slegte.
Als een wagonlading namaakrommel die in beslag werd
genomen
En opgestapeld ligt in een politiemagazijn,
Zo troont de alom geprezen prestatie van mijn vijand op
stapels
In het boekenpaleis dat De Slegte heet.
Grote stellages afgekeurde werken met, daartussen,
wandelgangen
Waarin je 's levens ijdelheden bepeinst,
Terugdenkend aan al die opzwepende recensies
Die het boek van je vijand niettemin geen steek
vooruithielpen –
Want zie, daar staat hetzelve
Te midden van dat blindgangerslegioen,
Die gewichtige en schier nimmer slinkende hunebedden
Vol dode materie.

Het boek van mijn vijand ligt bij De Slegte,
Hoor hoe ik juich.
Het is met gebogen hoofd, als een verslagen armada,
Onder het juk doorgegaan.
Wat baten hem nu zijn beurzen en prijzen,
De lof die werd uitgestort over zijn stilistische precisie,
Zijn onvervangbare nieuwe geluid?
Gevloerd en van de sokken gereden
Houdt nu zijn geesteskind de pokkeboeken gezelschap,

De miskopen, de miskleunen en misgeboorten,
De typografische horreurs van de snelle jongens,
De flops die geen geflipte junkie meer steelt,
De honkvaste lichtgewichten.

Joepie, zijn dunne boekje met onderkoelde flaptekst
Baadt in de schreeuwlelijke gloed van de omslag van *Hitlers Oorlogsmachine*,
Zijn onmiskenbaar nieuwe geluid, zo onvervangbaar,
Ligt op één hoop met een hopeloze wolkenkrabber
Van *Kung Fu's Kookboek*,
Zijn authenticiteit, vooral door hemzelf benadrukt,
Zijn van moed getuigende afkeer van alle humbug en pretenties,
Daar liggen ze tussen *Honderd jaar flaters*
En *Betaalbare mode voor iedereen.*
Ook ligt (o, dit vooral) zijn subtiliteit,
De subtiliteit van zijn messcherpe analytische vermogen,
Zijn vibrerende, verfijnde subtiliteit nu zij aan zij
Met *Wina Borns Volkomen Vleesboek*,
Een boek met als meest belangwekkende hoofdstuk:
'Saucijzen en Blinde Vinken in een Wip.'

O, er kan weldra een boek van mij bij De Slegte liggen,
Zeker – zij het ook niet in die gigantische mate
Waarin de genadeloze gesel van de ramsj heeft gezwaaid
Over het boek van mijn vijand,
Want in het geval van *mijn* boek zal het liggen aan
Een verkeerde oplaagschatting, een marketingfoutje –
Kwaliteit staat daar uiteraard buiten.
Maar stél dat die gebeurtenis toch érgens
Een element van treurigheid bezit, dit feitje zal verbleken
Bij de herinnering aan dit grootse moment.

Zet de champagne koel en poets de kristallen roemers!
Het boek van mijn vijand ligt bij De Slegte,
Ik ben verguld.

Naar Clive James (1939-)

DE NACHTMERRIE

(1990)

DE ARTIEST IN DE CIRCUSWAGEN
kort vóór de voorstelling

Zijn hond is gedresseerd. Zijn hoed staat klaar.
Zijn kaarten zijn gemerkt voor een *full house.*
Nog één keer repeteert de kunstenaar.
In zijn gedachten hoort hij al applaus.

Hij neemt het voor de spiegel in ontvangst.
Hij wuift en lacht: straks zitten, om zijn mouw
Met ei en duif, weer toeschouwers in angst.
Hij wil hen troosten, en hij wil het gauw.

Wel suggereren al zijn *acts* gevaar,
Maar niets is toeval. Alles is vertrouwd.
Hij is een respectabel handelaar
In smokkelwaar en wind en klatergoud.

Straks zal gejuich weerklinken. Reken maar.
Hij weet niet dat geen rij, geen bank, geen stoel
Bezet is in de tent. *Niets* wacht hem daar.
Alleen zijn hond heeft een bang voorgevoel.

I

Toen je die nacht ontwaakte was je nat
Van een onmenselijk en ongenadig zweten.
Je droomde dat je schelvisschubben had
En bovendien Deckeuckelaere heette.

Geen nachtmerrie was je bespaard gebleven.
Je was, ten tijde van de zeven plagen,
Gehuisvest in Egypte. Om kwart voor zeven
Had een pendule kwart voor twaalf geslagen.

Wat eetbaar was veranderde in gruis.
Je antwoordde op nooit gestelde vragen.
God had zich weggemoffeld in een kluis.
'Deckeuckelaere, thuis in sarcofagen.'

2

Ooit schreef je lange, idiote brieven.
Je kon op feesten voor de vuist weg speechen.
Je stootte zin na zin uit, naar believen,
Met *quotes* doorregen, grotendeels uit Nietzsche.

Ooit schaarde je je graag onder de dieven.
Geen metafoor ontsnapte aan je klauwen,
Om nog niet eens te spreken van motieven.
Die kon je maag bij honderden verstouwen.

Nu is elk woord bijzonder. Eén voor één
Probeer je ze. Je bent op je qui-vive.
Wat grauw en algemeen is stuur je heen.
Je kent alleen de weg in hiëroglyfen.

Wat was de zomer schraal. Hoe stil was het.
Geen evenbeeld dat riep. Je zocht naar weelde
In stad en land. Leeg bleef je bruiloftsbed.
Je reisgids voor het paradijs vergeelde.

Op lauwe dagen volgden grijze nachten,
Wee als anijs. Geen hevigheid brak baan.
Klam was de liefde. Tam en zwaar het wachten.
Met dromen was het wel voorgoed gedaan.

Een vriend verscheen. Hoe lang geleden al?
Nooit had je van dat ogenblik berouw.
Het was of je omhoogrees uit een dal.

Je zag hem staan in de decemberkou.
Hij keek je aan. Er klonk trompetgeschal.
Het was de Sneeuwman, en hij wilde jou.

I

Ineens stond daar het moordcommando klaar
Met sabels, helmen, schilden, enterhaken
En tanks–kortom, het hele repertoire–
Om alle dromen ongedaan te maken.

Geen stedeling of hij werd gefouilleerd.
Geen landman of hem werd, indien verdacht,
De voering van zijn hersenpan gekeerd.
De kleinste droom werd door hen omgebracht.

Niet één gedachtengang bleef onbespied.
Wel vluchtte er soms een, maar ze volhardden.
Ze bliezen zelfs met staven dynamiet
Het einde van de regenboog aan flarden.

2

Wat een armzalig boeltje bleek hun buit
Na de eerste ronde van dat vuurgevecht.
Wat was geveld had, zonder lont of kruit,
Het loodje evengoed vanzelf gelegd.

Eén droomflard, zei men, kneep er tussenuit
Met nog een beetje flair en energie.
Het leek me sterk. Een onderkruiper die
Zich had vermomd, vast, in een dromenhuid.

Een intrigant die, straks, in vredestijd
Profijt zou slaan uit wat was uitgeteld.
Vlug heb ik, uit een soort menslievendheid,
Me bij het moordcommando aangemeld.

Vooral pygmeeën ambiëren zeer
De grote, aandacht trekkende gebaren.
Luidruchtig gaan ze, denken ze, tekeer:
Maar uit hun mond komt ijl geruis gevaren.

Ze zien zichzelf graag midden op de markt
En slijten daar verschrompelde problemen
(Met moeite hier en daar bijeengeharkt)
Voor nieuwe passies. Roest voor diademen.

Al 't minder kleine is groot voor de geringe.
Een reus alleen kan nietigheid verdragen.
Hij schept behagen in de kleinste dingen:
Aardschokken, volksoplopen, sprinkhaanplagen.

Hij paradeert met ketting, mes en stok:
Geweld is maar een zaak van lusteloosheid.
Hij slaat en steekt ook wel, liefst na een slok.
Hij mist–beseft hij vaag–de ware boosheid.

Een vrouw passeert hem. Hij versnelt zijn pas.
Een dorre tik. Hij triomfeert, de held.
Maar zijn gevoel is al weer stof en as
Wanneer zij als een zak valt, uitgeteld.

Hij wou zo graag dat golven bloed en slijm
En darmen uit de dame zouden wellen,
Die hem vervolgens iets van het geheim
Van zijn gehate slaap zouden vertellen.

Hij leest in kamerjas de ochtendkrant.
De geur van properheid hangt in de serre.
Hij spelt vooral de weerberichten, want
Geweld was er genoeg in zijn carrière.

Zijn meid brengt thee. 'Held van het vaderland.'
Nooit denkt hij nog aan hoe de moeders kreunden
Wier jongens hij verschroeide. Aan de wand
De foto van de dame die hem steunde.

Zijn leven is geslaagd. Slechts onverhoord
Blijft één wens die hij niemand zeggen mag:
Dat hem nog eens een jongeman doorboort
Die hem gevuld houdt–tot de jongste dag.

Mijn dubbelganger maakt me gek. Hij heeft,
Omdat hij alles nét wil doen als ik,
Dezelfde dubbelganger en hij beeft
Zowel voor hem als mij van pure schrik–

Zoals ik zelf weer beef voor allebei.
Niets biedt hij me ooit aan. Hij is een rover.
Hij zuigt steeds nieuwe echo's op van mij
En in die veelheid blijft niets van me over.

Er leek in het begin nog een soort band:
We waren, met ons tweeën, met ons vieren.
Nu zie ik, waar ik kijk, mijn buitenkant
En hoe ze daar mijn schimmen inkwartieren.

Straks, na mijn sterven, ligt er op de baar
Een man die onherkenbaar is geworden
En in zijn glazen lichaam torst hij zwaar
Niet één kadaver, maar een hele horde.

OPERATIEZAAL

Alarm. De dokters vluchten. Vloeren kraken.
In ondergrondse hallen vangt stilaan
Het hoog geschreeuw aan en het grote braken.
Al snel heeft het de kracht van een orkaan.

Daarboven is het stil geworden. Zwaar
Glijdt nog een laatste gloed een man voorbij
Met opgespalkte buik op een brancard.
Er liggen er wel duizenden als hij.

Het licht dat door het open dak viel dooft.
De scharen smelten. Het begint te waaien.
Hij hoort het hechtdraad gonzen. In zijn hoofd
Probeert hij zich krampachtig dicht te naaien.

VERSPREIDE GEDICHTEN
(1985-1994)

TWEE HUIZEN

I

Wandelende langs de straten
Zag ik voor het eerst die woning:
Echt een treurige vertoning.
Dichtgespijkerd. Holen. Gaten.

Uit het krot, dichtbij gekomen,
Klonk gezang op. Je zou zweren:
Dit is de muziek der sferen.
Of een engel zong, potdome.

Door nieuwsgierigheid gedreven
Maakte ik een kier wat wijder:
En ik zag een lepralijder
Die vervaarlijk stond te beven.

2

Wandelende langs de straten
Zag ik voor het eerst die woning:
Een verblijfplaats voor een koning.
Licht en rijk, o bovenmate.

Uit het slot, dichtbij gekomen,
Steeg een walm op: builen, zweren,
Of men, ziek, lag te kreperen.
Wee, het engste sterfaroma.

Door nieuwsgierigheid gedreven
Maakte ik een kier wat wijder:
Wonderschoon, als een verleider,
Stond hij daar en knikte even.

Je hebt een tuin. Daar loop je 's avonds in.
Nu ja, niet elke avond. Af en toe.
Vaak ben je voor dat groeien zonder zin,
En toch zo grondig, na de dag te moe.

Een bloem geeft alles. Maar zij is al dood.
Jij bent gespleten. Maar jou wacht het leven.
Zo ben je vaak in niets een lotgenoot.
Een wig lijkt tussen haar en jou gedreven.

Zij wil zich haasten. Jij moet blijven duren.
Jij waakt en fragmenteert. Zij bloeit en slaapt.
Soms strookt het. Op zo'n avond, dat je uren
Door een wijdopen kelk wordt aangegaapt.

KOUD KUNSTJE

Het dode vuur wordt door een lijk gedoofd.
Onder de grond is het op hemelvaart
Sint-juttemis. De zondaar zonder hoofd
Wordt door een guillotine zonder bijl gespaard.

Met lege handen wordt het gulst geschonken.
De liefde is het machtigst in het rijk
Van de vergetelheid. En in het donker
Geeft men het dwaallicht zonder meer gelijk.

De goede engel heeft een hondebaan.
De dichter gromt als een tevreden beest,
Want op zijn rekening staat het ontstaan
Van het gedicht dat nooit is weggeweest.

Al twintig jaar zijn Henk en Piet een paar.
Henk doet de giro en de kruidenier
En 's avonds zet hij Piets pantoffels klaar.
Dat gaat na twintig jaar op die manier.

Een oogopslag, een stille wenk, meer niet.
'Dit is ons liefdeslied.' Het lijkt genoeg.
De treurbuis is hun beider favoriet.
Alleen op vrijdag gaan ze naar de kroeg–

Om zaterdag tot twaalf uur uit te slapen.
Nooit is er ruzie tussen Piet en Henk.
De buurvrouw noemt de twee bejaarde knapen
Vertederd 'onze jongens'. Een geschenk.

'Het is,' dacht Henk, 'verdomde mooi geweest.'
En hij stond op en sprak het bittere woord,
Het woord dat iedere geliefde vreest,
Maar dat zich aan verzet noch uitstel stoort.

I

Er heerst iets van een vacuüm in huis.
Geruisloos zijn de jongens aan het werk.
Ze kijken, keuren, knikken – maar zo kuis
En koel en toegewijd als in een kerk.

De etsnaald gloeit. De pers gaat op en neer.
Verlangend wacht het lege schilderslinnen.
Houtskool zweeft langs, en verfkwast en fixeer.
Een vel papier wil door het raam naar binnen.

De jongens werken in hun tempel voort
Alsof er iets verhevens wordt volbracht.
Ze zien niet wat hun vroom tableau verstoort:
De chef zit op een hobbelpaard en lacht.

2

Hij lacht en kraait, en ik weet niet waarom.
De hele ruimte zuigt zich snel vol lucht.
De tempel broeit. De rollen draaien om.
Ernst en verhevenheid slaan op de vlucht.

De jongens gloeien zélf. Hun adem zwoegt.
Ze kijken naar geen verf of houtskool meer.
Naald wordt bij naald en kwast bij kwast gevoegd
En vlammend gaan hun ruggen op en neer.

Het houten hobbelpaard lost op in rook.
Hun hitsigheid neemt toe. Dan is het uit.
De jongens, met een vaart, kreperen ook.
De chef zwaait met twee stokken en zingt luid.

3

Hij zingt en viert de langverwachte dood.
Zijn lied gaat over hoop en ijdelheid.
Die houdt hij in zijn tekst voor even groot.
(Daarom is hij de melodie soms kwijt.)

Dan val ik zelf uiteen. Ik voel me zwanger
Van virussen die aan het eten slaan.
Ik wil mijn arm uitstrekken naar de zanger,
Maar kan het niet. Mijn arm is half vergaan.

Wie reikt niet naar een man die luidkeels lacht,
Tronende op krukken op een dodenakker?
De chef, godlof, hij blaast me toe met kracht.
Vol moed en pit en merg word ik wakker.

I

31 december 1999

Onder mijn voeten krimpt het oude jaar:
Niets dan een smalte, ontmanteld en ontbost.
Ik val er bijna af. Ik weet niet waar
Ik uitkom als dit jaar is opgelost.

Daarginds gaapt een gemeen en duister gat:
Een hondehok, met geen geluid of leven.
Mijn smalte krimpt en krimpt. Ik strompel wat.
Nog even en mijn eeuw heeft het begeven.

Ineens klinkt uit de toekomst een gegrom:
Daar komt een hond – groot en met rode ogen –
Gesprongen, uit het gat, en gooit me om.
Sleurt hij me mee? Nee, hij heeft mededogen.

Hij staat over me heen en likt mijn wangen:
Dauw van een verre en verstoten god.
'Blijf hier,' zegt hij, 'mijn naam is het Verlangen,
Door elk nieuw jaar word ik opnieuw bespot.'

2

De passage

De toekomst zwijgt–maar luider tikt de tijd.
Niets dan een scheermes is de oude eeuw.
We wachten vreedzaam op vergetelheid,
Op een verlossing zonder pijn of schreeuw.

Ik streel de hond die aan mijn voeten ligt.
Hij lijkt meer op een lam dan op een leeuw.
Hij wil niet verder, hij plooit zijn gezicht
In een vermoeide, troosteloze geeuw.

Steeds luider tikt het. En de tijd krijgt vorm.
Ze wordt een zweep die knalt en ons bedreigt.
We krimpen–maar te hevig is de storm
Die alles naar de nieuwe eeuw toehijgt.

De tijd groeit in volume en snelheid, beide.
Het mes wenkt ons. Het gunt ons geen respijt.
'Kom mee,' zeg ik, 'kom, wijk niet van mijn zijde.
Wees *mijn* hond, tot in alle eeuwigheid.'

3

De verdoving

We vallen in een koel, wit zwanenmeer.
Een tijdlang liggen wij daar als verdoofd.
En pluimen – eendedons en ganzeveer –
Dansen en cirkelen rondom ons hoofd.

De ruimte kijkt milddadig op ons neer.
Het meer ontpopt zich als een bloemenweide
Met lelies en margrieten en zo meer:
Dit is een wel héél mooie overzijde.

Tsjip-tsjip, klinkt daar – en uit een tere keel.
Trip-trip, daar danst warempel zelfs een muis.
Ik kus mijn hond. Mijn hond is een juweel.
Wij glimmen en wij voelen ons hier thuis.

Niets van de drempel die wij vreesden rest.
Alles is ruim hier, koel en zoet en zacht.
Waar geen verlangen heerst woedt geen protest.
Mijn hond ligt stil. Niets jeukt er in zijn vacht.

4

De verjaging

Het wit krijgt, sneller dan ik had gedacht,
Een vale tint, de lelies ogen grauw en
Intussen wordt de dag weer kille nacht
En uit de mussen groeien haviksklauwen.

Lianen zijn er, kwallen, octopussen.
Dolkstoot en houw, ze komen in de plaats
Van dons, fluweel en liefhebbende kussen.
Gauwdief en pauw en bonzen hebben praats.

Mijn hond krabt zich. Ons wacht een zware reis.
Een droom is maar de korte melodie
Tussen het eeuwige kyrië-eleis
En de nooit eindigende litanie.

Wij slepen aan ons been – aan onze poot –
De kogel mee van een oud paradijs.
Mijn hond en ik zijn niet bang voor de dood:
De droom maakt deel uit van de stervenswijs.

5

30 maart 2044

Onder mijn voeten krimpen honderd jaar:
Niets dan een halte in een wandeling
Van pool naar pool, via de evenaar,
En weer terug, een eendere handeling.

Ik kijk opzij, en zie mijn trouwe hond.
Er zit geen wollen vacht meer om zijn romp en
Een beslagen tong hangt uit zijn mond.
Zijn oog is dof. Maar hij is *niet* gekrompen.

Hij kan niet krimpen, want hij kent geen tijd.
Hij wil de tijd niet eens. Hij vreest de zweep.
Hij vreest de klok die tikkend spot en bijt,
Terwijl ik mij van noord- naar zuidpool sleep.

Hij is bereid om iedereen te likken.
Er is al honderd jaar geen vraag naar hem.
Wat zoek ik? Vaag–van vóór het grote tikken–
Hoor ik nog zijn bedauwde godenstem.

6

De eeuwige tocht

Hij roept en blaft–ik hoor hem al van verre.
Wel duizend jaren heb ik hem gezocht
Tussen de nevelvlekken en de sterren,
Zoekend in zonnehoek en hemelkrocht.

Wel duizend jaren, of wellicht een uur.
Nu ik hem hoor, als een verloren kind
Dat aan komt vliegen, ogen weer vol vuur,
Besef ik dat de wereld pas begint.

Wat geeft het of ze woest en ledig is?
Ooit was de rijke oorlog doodgebloed
Door zorg te dragen, zelf, voor een gemis
Aan oorlogvoerders, en zo is het goed.

Hij blaft en roept–en zweeft recht op me aan.
Zijn brede wiekslag krimpt. Hij wordt iets smals.
Zo hangen wij, daar tussen zon en maan,
Met onze poten om elkanders hals.

De klinker en de medeklinker zijn
De weke onderbuik en het korset.
Dichter is hij die, schijnbaar zonder pijn,
Het vormeloze in de steigers zet.

Zijn woorden, corpulent of slank van lijn,
Verenigen zich vloeiend tot couplet.
De moeitelooshcid, niet het rookgordijn,
Is zijn geheim. Met taal gaat hij naar bed.

De taal, van A tot Z, is zijn fles wijn.
Halfdronken wordt er, zomaar voor de pret,
Een kind verwekt, een epos of kwatrijn,

Of iets daartussenin, zeg een sonnet,
Terwijl de lezer onbekend blijft met
Zijn worsteling met spekvet en balein.

Het woordenboek staat op de plank. Het wacht
Geduldig tot ik neerval in mijn bed.
Dan vangt het aan te neuriën, eerst zacht,
Pas als ik diep slaap heeft het dolle pret.

Dan heeft het woordenboek, op eigen kracht,
Zich oorverdovend aan het werk gezet,
Zo hevig als een telefoon bij nacht
Kan rinkelen in een verlaten flat.

De woorden seinen lichtsignalen uit.
Er schieten bliksemschichten door de band,
Van plat tot plat, met knetterend geluid.
Soms is er zelfs een kleine binnenbrand.

Uit woorden die de foliant omsluit
Komt vonkend iets als een gedicht tot stand.
De dichter die ontwaakt hoeft het hooguit
Te pakken, mits er stroom staat op zijn hand.

De oude jongen ziet er, opgebaard,
Opnieuw uit of hij amper zestien is:
Zijn lippen donker en begerenswaard,
Zijn wangen zonder baardschaduw en fris.

Zijn doodlaken is kreukloos. Ook zijn huid.
Hij geurt naar bloemen. Vrede zij met hem.
Hij ziet er waarlijk om te zoenen uit.
Straks zingt men een tevreden requiem.

'Sterven is schoon en helder. God is groot.'
Men prijst zijn zielerust en jongenswang.
Men vond hem op een morgen, gewoon dood.
Dat wordt straks nog een *vrolijk* koorgezang.

Dat hij–voordat hij stierf–die vreemde nacht
Is ingestapt, geen weet het uit het koor.
Die vreemde kamer waar hij werd verwacht.
De maan die door het venster keek bevroor.

Er groeien wilde bloemen uit de wonden.
Zo vruchtbaar zijn de puisten dat de knop
Van een pioen zich opent in seconden.
De zweren baren waterkers, non-stop.

Zijn voorhoofd is een altijd-groene pracht,
Zijn kin is ooft, zijn haar een lauwerkrans.
Het regent witte bloesems als hij lacht.
Zijn leven staat in dienst van spel en dans.

Het was zo erg dus niet van al het bloed,
De korsten en de koorts, met hun produkt
Van etterprop en pus, toen hij voorgoed
Het masker van zijn kop had afgerukt.

MASKERS

De man die vrolijk met zijn masker speelde
Totdat het uur sloeg dat zijn waar gelaat
Muurvast één leven met zijn masker deelde:
Als kind al maakte dat verhaal me kwaad.

Zoiets was zuur. Straks, als ik groot zou zijn,
Zou ik bewijzen dat het anders kon:
Dat ieder masker veilig, zonder pijn,
Weer van je hoofd kon, als een capuchon.

En lang heb ik daar heilig in geloofd.
Op niets bedacht hield ik mijn aard verborgen
Opdat die, als mijn speelvuur was gedoofd,
Zuiver zou blijken als de eerste morgen.

Nu ben ik oud, alleen om te erkennen:
't Verhaal is waar. Het masker gaat niet af.
Het is alsof je aan de hel moet wennen.
Het is alsof je kijkt in een leeg graf.

DE KONING SLAAPT

I

Er huist een loden vreemdeling in mij.
Geen handlanger (twee zielen in één borst),
Geen man die, als ik glim, uit plagerij
Mijn spiegelvlak bewasemt of bemorst,

Of die, als ik ellendig ben en schrei,
De zorg die mij bezwaart lichtvoetig torst,
Geen man die slapen wil wanneer ik vrij
Of, als ik vol zit, honger heeft en dorst,

Geen speelgenoot (gebieder en lakei),
Maar een ondeelbare en strenge vorst,
Die uit is op de opperheerschappij.
Hij loert naar me, diep in een hersenkorst.

2

Hij kan me in zijn halfslaap niet vergeten.
Geen wiegelied, geen lans duwt hem opzij.
Zijn ooglid trilt. Zijn tijd is ruim bemeten.
Hij wil mij hebben, zonder mij er bij.

Hij polst mijn maat, de lengte en de breedte,
En ziet mijn lichaam als een lekkernij.
Hij proeft wat, zonder zich te overeten,
En wacht. Er is geen haast met het karwei.

Ik ken hem niet. Ik wil niets van hem weten.
Zijn macht erken ik pas wanneer hij mij
Van top tot teen zal hebben opgevreten.
Niet eerder. Tot dat feestmaal ben ik vrij.

ROOK ZONDER VUUR

(1998)

Bernines Bogen muß wie Chersiphons veralten,
Constantinopeln wird wie itzt Carthago seyn.
Algier geht mit der Zeit gleich wie Corinthus ein,
Des Rubens Tafel wird wie des Apelles spalten.
Versail kan mit der Zeit wie itzt Bisester stehn,
Und etwan Amsterdam wie Tirus untergehn.

CHRISTIAN HOFMANN VON HOFMANNSWALDAU

Er hangt een hoge spiegel in de gang.
Vooruit, ik kijk me zelf nog maar eens aan
En voor het monster dat ik daar zie staan

Ben ik – voorspelbaar – elke dag weer bang.
Die man is gruwelijk. Die man moet dood
En met een ferme mokerslag verplet.

Die man is niets dan vet en kraaienpoot.
Een vreemdeling is het. – Ik denk, owee,
Ik trap weer in elk spiegelbeeld-cliché.

Glas is het maar, dood glas wat ik zie staan –
En net als ik dat denk springt een skelet
Wijdbeens de spiegel uit en valt me aan.

VINGERWIJZING

De spiegel spat uiteen in duizend stukken
En ook mijn evenbeeld wil het niet lukken
Me dood te knijpen, want terzelfder tijd

Verbrokkelt hij tot een voldongen feit
Van knoken, kootjes, kaakbeen, ellepijp –
Een treurig hoopje onherkenbaarheid.

Een steekvlam, walm en rook – en ik begrijp:
Ik ben mijn spiegelbeeld voor altijd kwijt.
De man die was is as. De man die is

Moet weldra ook naar de verdommenis.
Ter illustratie voor mijn stomme kop
Schiet uit de as nog een ranonkel op.

De schorpioenen suizen in mijn oor.
Er zweven korenaren aan mijn ogen
Voorbij. – De angel van de metafoor

Steekt feller als de dood komt aangevlogen.
In purperen nachten was daar vaak het koor
Van ijle kinderstemmen uit den hoge

Met ergens een zwaar basgeluid erdoor.
De bassen zwollen en de hemelklanken
Versmalden pijlsnel tot een snerpend janken

Dat loodrecht insloeg in de ruggengraat.
Het sterven hurkte op de vensterbanken.
Het lichaam en de kunst, alles vergaat.

GEZICHTSBEDROG

Ik was al jong een stervenskandidaat,
Een kubus van ellende, een kring van wind,
Een vierkant valluik, een gerimpeld kind –

Al hield ik niet van schaduw en mistral.
Wat mij beviel was helder hoorngeschal,
Een lijf waarmee de zon uit dansen gaat,

De felle kleuren in een bloemenstal.
Alles is zoet en schoon. Wat ik zou willen,
Dat was een nieuwe stad in een nieuw dal.

De mensen zingen. – Er is geen idylle
Die strookt met roest en schimmel en verval.
Ik droeg al snel een stel gekleurde brillen.

Ik ben nog jong. Een ijsbaan is het leven.
De benen zweven en de zinnen zweven.
Vioolmuziek klinkt uit een megafoon.

De sneeuw maakt van de wereld een stilleven.
Ik tintel en ik draag een koningskroon.
Door eigen krachten word ik aangedreven

En vrienden zeilen schaterend voorbij.
Het is in hartje winter volop mei.
We schaatsen op een vloer van porselein

En slaan de dagen stuk om aan het end
Te stoppen bij de koek- en zopietent
Waar zure melk en bitterkoekjes zijn.

Er sprongen duizend keien tegelijk
Omhoog en wat een piramide was
Is nu een vuilnishoop van gruis en slijk.

Er sissen vuurkolommen waar zopas
De torens stonden van een koninkrijk
En waar de theeroos geurde walmt nu as.

Ik sla mijn ogen op en als ik kijk
Gaan gruis en vuur en as ook al te gronde.
Wat vloog daar op zo'n topsnelheid voorbij?

Wat was die wervelwind van een seconde?
Was het een meteoor? Was het Van Speyk?
Het was mijn leven. Even maar van mij.

Wat zijn aanbiddelijke handen waren
En zijn grijsgroene ogen, wijd en loom,
Het slome golven van zijn zwarte haren,

Zijn weke mond waarvan ik nu nog droom,
Zijn jongensbenen, twee geweldenaren,
Wat zijn geslachtsdeel was, nog onervaren,

Is nu een gistend sop dat in de grond
Tot gas ligt te vergaan, vermengd met stront.
Een luchtbel borrelt op uit zijn karkas

En aan zijn kruis eet zich een kever rond.
Een etterprop is waar zijn oogwit was.
Zijn mond is weg. Omnia vanitas.

Veel boeken las ik. Wijsheid is als gras.
Groter en groter werd de bibliotheek
Waarin ik woonde. Van Pythagoras

Tot de mystiek van Eckehart en Blake
Vulde de kast. O, boeken waar je ook keek.
Boeken in leer of perkamenten jas.

Minder en minder werd de kennis van
De mensenwereld in mijn hersenpan. –
Als in een vacuümgetrokken hok

Zat ik te lezen in mijn boekvertrek.
Zie wie daar hurkt, de grijsgeworden gek:
Een doveman met leeg notitieblok.

Het is geen kunst mee om overal signalen
Te zien die tot vervelens toe herhalen:
Schiet op, schiet op. Ze loeren om de hoek.

De aangevreten kaften van een boek,
De tandeloze grijsaard die zich haast,
De blonde kleuter die een zeepbel blaast,

Een omgevallen zuil, een torenklok
Die anderhalve eeuw niet heeft geluid,
Een lont op zoek naar lucifer en kruit,

De kaars, de schelp, de dobbelsteen, de fluit,
De paddestoel, de kruk, de wandelstok –
Je kent ze. En toch altijd weer die schok.

Sonnetten smeden en paleizen bouwen,
Lichtjaren overbruggen, sabelhouwen
Neer laten suizen op soldatenruggen,

Meer plaats inruimen voor de zakenvrouwen,
Collega's van je afslaan, zoals muggen,
Trainingen volgen voor je zelfvertrouwen,

Dromen en jong al zingen als de ouden,
Agenda's volgestouwd met werkbezoeken,
Handel drijven in lucht en spijkerbroeken,

Zwoegen om wat je hebt ook vast te houden,
Alleen maar om die monotone wijs
Maar niet te horen van de zandloper, de zeis.

Ik werp geen schaduw meer. Ieder signaal
Uit kunst en bijgeloof werd overbodig.
Ik heb geen vingerwijzingen meer nodig.

Ik ben veroordeeld tot een voorportaal
Dat niet tot een verrukkelijke zaal
Maar tot mijn plaats onder de wormen leidt.

Er is iets eigenaardigs met de tijd.
Het lijkt of ze haar ritme heeft verloren
En voortschokt met steeds groter heftigheid.

Ik hoor al mensen zeggen, zie je wel,
Die zonderlinge vetzak stierf zo snel
Dat hij al dood was voor hij werd geboren.

Mijn buurman heeft een spiegel die bedriegt.
Ik kijk er in – en zie een hol geraamte
Dat rinkelt als ik me beweeg, de smiecht,

En dat naar het plafond zweeft, zonder schaamte,
Als ik mijn wenkbrauw – even maar – optrek.
Die paljas aan de overkant is gek.

Hij loopt met al zijn knoken te jongleren
Terwijl ik lichtjes adem. Miserere.
Hij rochelt en ik zong toch echt een lied.

Dat ongeduldig schepsel ben ik niet.
Ik ben bedaard en kalm, de middelmoot –
En dadelijk sla ik mijn buurman dood.

ROTONDE

Hier troont de zuil en daar verzakt de toren,
Hier rijst de mast en daar vergaat het schip,
Hier geurt de rozenstruik, daar steekt de doren,

Hier streelt de donzen wang, daar schuurt de klip,
Hier staat het huis, daar vallen steden om,
Hier ruist het bloed, daar is het dode gruis,

Hier is de vrede, daar ontploft een bom,
Hier is het goed, en daar is het niet pluis –
Hier is het kalm, daar woedt het gekkenhuis,

Hier schrijdt de mens, daar stort hij in het slik,
Hier is de palmtak, daar het hakenkruis,
Hier is het kort bestaan en daar ben ik.

De spiegel schept de pauw. Ze zijn voorbij,
Mijn gekke bekken en aanstellerij
Bij scheerkwast, rozenwater, föhn en kam.

Er hangt een bordje 'in memoriam'
Bij al mijn instrumenten in het rek –
Kijk, uit het raam gooi ik de nagelschaar.

Ik moet nu verder als een bedelaar.
Er stijgt een graflucht uit mijn halsgat op,
Ik word een toonbeeld van melancholie,

De luizen galopperen op mijn kop –
Met okselspint en zweren op mijn knie
Lijk ik meer op de mesthoop dan op Job.

VERGETEN STAD

Vergeten ligt de stad en als betoverd
In een lianenrijk en vochtig bos.
De jungle heeft de marmervloer heroverd,

Het ruiterbeeld is met klimop omloverd
En alle zuilen zijn bedekt met mos.
De maden wiegen in de spinnenwebben.

Waar dansen Arlequino en Pierrot?
Waar is Versailles? Waar Fontainebleau?
Geen lustslot of de sloper mocht het hebben.

De stilte heerst. Alleen, in vrije val,
Komt daar een veertje aangezweefd en, o,
Het bos vertegenwoordigt een heelal.

Wat zou de wereld zijn als je ze miste,
De drie – de schilder, dichter, componist,
Wat was het leven zonder hun toneel

En waan en klank en ceremonieel?
Zonder hun maskers, schone schijn en list?
Voor mij betekende de schoonheid veel

En viel me een mooi akkoord of vers ten deel
Dan greep er iets onzichtbaars naar mijn keel
Dat op ontroering leek. Ook een penseel

Kon dat. Ach, als ze liggen in hun kist,
De drie – de schilder, dichter, componist –
Wordt in de wereld waarlijk niets gemist.

Met vale handen tellen ze hun geld –
Ze achten ieder tijdverdrijf onzedig
Dat inhoudt dat er minder wordt geteld

Of dat er geld zou vallen uit hun hand.
Tussen hun oren is het woest en ledig,
Dus staan ze in hoog aanzien in het land.

Terwijl ze tellen spelen ze de baas,
Ze tellen bij het legen van hun blaas
En tellen sneller bij het koppensnellen.

Wat ze nooit tellen zijn hun grijze cellen.
Het goud dat ze beheren op hun banken
Is ijzer in hun woning van zes planken.

VOORAVOND

Dood is mijn vriend. Nog altijd schijnt de maan
Naar binnen, uit zijn asbak kringelt rook,
Er ligt een boek, de radio staat aan.

De rozen die hij kocht zijn nog bedauwd.
Een scheermesje, een spiegel en wat coke
Staan op de tafel klaar voor zo meteen.

De kachel doet haar best, maar hij blijft koud.
Alles is nog precies zo om hem heen –
Maar hij is uit de symfonie verdwenen.

Het boek, de maan, de kachel en de rook –
Eens, op een dag, verdwijnt dat alles ook.
Dat is de dag waarop de dood zal wenen.

Bijna ben ik verschrompeld tot een korst.
Ik kruip over de aarde en mijn borst
Vriest aan de stengels en de wortels vast.

De zon schijnt fel bij twintig graden vorst.
Er prikken distels in mijn ribbenkast.
Mijn graf heb ik gevonden bovengronds –

Maar niets is er op dit moment zo honds
Als de bevroren plas waarin mijn hoofd
Zichzelf – als in een blinkend spiegelglas –

Herkent. Niet dat mij ooit iets was beloofd,
Maar eindelijk *had* ik iets afgeronds
En nu zie ik geen scalp, maar een moeras.

Wat voordeel heeft de mens van zijn gezwoeg?
Hij gaat van gras naar gras in het moeras
En altijd lacht de regenboog hem uit.

Hij heeft van wassen neuzen nooit genoeg
En leeft nog steeds in een geleende jas
Als hij uiteindelijk zijn ogen sluit.

Wie hier zopas nog heerste als despoot,
Als wijsgeer of als vrome dominee,
Wie net nog rondliep als spes patriae

Met hooggeveerde tred en blozend-rood,
Het is niet te geloven, maar allez,
Is dood en dood en dood en dood en dood.

TEQUILA SUNRISE
(1998)

Lieve ezel, verduister ons

COCKTAIL

Een dronken god, met een behangerskwast,
Heeft een roodgele zonsopgang geschilderd.
Daar komt een ezel aan. De zware last
Ontlokt hem luid gesteun. Hij kijkt verwilderd.

Hij is een ezel uit onechte vezel
Die feilloos bij het valse zonlicht past.
Een soort van – zeg maar – siliconenezel.
Maar droevig kan hij zijn en enthousiast,

En sloom en wild of beide. Haast een mens.
Hij schudt eens stevig met zijn ribbenkast.
De last schiet los. *Nu* gaat het hem naar wens.
Hij lijkt nog menselijker, opgepast.

Dit wordt een triomfantelijke dag.
De ezel is van klatergoud, de hemel
Tweekleurig als de Mexicaanse vlag,
En in de verte roert zich het gewemel

Van zwijnen, pauwen, stekelvarkens, spinnen
Die uit hun luie bed zijn opgestaan
Om aan hun werkzaamheden te beginnen.
De meelwurm is er en de leguaan.

Het schijnt er bij dit volkje zogezegd
Spontaan en authentiek aan toe te gaan,
Toch lijkt alleen de ezel levensecht.
Wie niets begrijpt kan alle wijsheid aan.

Een ezel is niet dommig van zichzelf.
Van het geheim dat domheid heet is hij
De drager. – Hij is niets dan het gewelf
En het omhulsel van de zotternij.

Een priester dus. Een ezel kan goed denken.
Zojuist zag Zijne Ezelachtigheid
Een welgebekte merrie naar hem wenken.
Hij raakte geen minuut zijn zinnen kwijt.

Nu dan. Hij zal vandaag in alles slagen.
(De hemel is nog steeds niet opgeklaard.)
Hij kent elk antwoord op de levensvragen
En ook heeft hij een wondermooie staart.

De ezel concentreert zich. Niemand weet
Waaraan de ezel denkt, maar door zo *sterk*
Te denken doen gedachten, kokend heet,
In een verafgelegen streek hun werk.

Hij denkt en denkt. Achter de horizon
Vallen tien rijpe appels van een boom,
Waarvan zes op en vier naast het gazon.
Een middelgrote stad zit zonder stroom.

Twaalf haren blijven achter in de kam
Van Catharina, die er onbespied
Weer vijf terugduwt. Op een vliegezwam
Barst een reptiel uit in een liefdeslied.

SCHRIKBEELD

Wat is het ezeldom een heerlijk lot.
Hij wil met niemand ruilen. In een droom
Verscheen hem, al een tijd terug, een god
Die hem had voorgesteld – de suikeroom! –

Hem te verlossen uit zijn ezelvorm.
Hij mocht weer mens zijn. Man of vrouw of beide.
Luid had hij nee gebalkt. Liever een worm.
Liever een sprinkhaan op de Mokerheide.

Een mens was iemand met te kleine oren,
Een wezen dat alleen wat zichtbaar was
Kon zien en wat geluid voortbracht kon horen.
Geheime antennes had een ezel pas.

De ezel draait. De aarde is een wiel.
Er staat zelfs omgekeerd niets op zijn kop.
Ze wentelt, maar de snelheid lijkt nihil.
Een ezel voelt zich altijd bovenop.

Geen duizeling. Zijn poten staan stabiel.
Kalm is hij – tot in elke zenuwvezel.
Stel dat hij van het molenrad afviel?
'Ik mag er niet aan denken,' denkt de ezel.

'Ik schoot de ruimte in – een projectiel –
Als ik *bewust* ondersteboven hing.'
Zich van de domme houden en serviel
Voor ezel spelen is een machtig ding.

ASCETISCH

De rode roos waarop de ezel kauwt
Valt op de grond. Zijn lege muil, wijdopen,
Wordt met een portie distels volgestouwd.
Hij wil proberen naar de hel te lopen

En heelhuids uit de gloed terug te keren.
Dat is een tochtje dat geen rozen duldt.
Men moet daarvoor met onkruid paraderen.
De ezel doet of hij van distels *smult*.

Over een donker water moet hij heen.
In die rivier verschrompelde elk lid:
Het zijne niet. Het water wijkt uiteen.
Wat een motorisch mondig lid is dit.

Aan de overzijde stond de zwarte man.
Hij riep: 'Excelsior' – en stortte neer.
Zijn luchtsprong om de geile aankomst van
De ezel was wel heel erg efemeer.

Welnu, de duivel kan niet altijd winnen –
En ook zaten zijn vleugels vast met teer.
Men klapwiekt slecht met aangeplakte vinnen.
De ezel keert terug over het veer.

Doodswater dat zich in de tussentijd
Herenigd had verdampte. Niet zozeer
Door de begaafdheid van zijn lid – dit keer
Gewoon van schrik om de onmogelijkheid.

De ezel wil *ook* vleugels: aangeplakt
Is iets wat bij zijn diepste wezen past.
Hij hoeft die vleugels ook weer niet exact,
Niet stoffelijk of vuur- en watervast –

Dat weet hij al te goed. Hij kan ze *denken.*
Hij heeft een hersenpan waarvoor je beeft.
Niets is daar nodig dan een stille wenk en
Het lijkt waarachtig of hij vleugels heeft.

Salon en bos, de kamer en de weide,
Ze zijn om beurten en te zelfder tijd
Zijn woonplaats. Hij kan, elk apart en beide,
De wildgroei zijn en de onvruchtbaarheid.

Waar vleugels zijn is de muziek niet ver.
De ezel spitst zijn oren. Ze staan tussen
De zendstations van God en Lucifer
En vangen alles op, als offerbussen.

Hij hoeft de klanken enkel fijn te stemmen
En hij is dichter – niets dan hier en daar
De ongerichte golven af te remmen
En hij is de volmaakte kunstenaar.

Dichters zijn ezels en de ezels vlegels.
Dankzij de balkers is er harmonie.
De poëzie gehoorzaamt niet aan regels,
De regels volgen uit de poëzie.

HET BEEST

Een zoete melodie stroomt uit de lier
Waarop de ezel zonder handen tokkelt.
Het volk loopt uit. De pauw van crêpepapier,
De tijger (alias de kat die smokkelt),

De meelwurm die zich ook al iets verbeeldt,
Ze scharen zich rondom de aartspoëet
Die alle struiken uit de aarde speelt.
Het is muziek die werkt als een magneet.

De grote oren van de ezel trillen.
Dit is van zijn bestaan de kwintessens.
Zo zal hij in de hemel straks ook gillen.
Hij voelt zich mooier dan de mooiste mens.

Wie dichten kan is nog niet dom genoeg.
De ezel laat zijn lier geschrokken vallen.
Hij heeft nog één etappe voor de boeg.
Of het om balken ging of hoger lallen,

Hij heeft nog moeten buigen voor publiek,
Hij hing nog tussen boven en beneden.
Zijn lier is stuk nu. Dood is de muziek.
De ezel stijgt. Hij stijgt en lijkt tevreden.

Hij komt tot stilstand op de hoogste troon
En in zijn lange oren stopt de herrie.
Hij lijkt verdacht veel op een godenzoon.
De zon kleurt donker als een Bloody Mary.

DE TIJD

(2000)

GEZWINDE GRIJSAARD

Het afgooien van oude jaren, 't zou
Moeten zijn of er een gloednieuwe arm
Te voorschijn gleed uit je versleten mouw,
En zonder wintertrui had je het warm –

Als nieuw zou ieder nieuw jaar moeten zijn,
De modderpoel weer schuim, de staalwol dons.
Het is niet zo. Steeds wacht er nieuwe pijn
En het beloofde land ligt achter ons.

Van ijzergaas en schrikdraad is de trui.
En een van jaar tot jaar ontvleesder kop
– Als er verschoond wordt bij de jaaruitlui –

Duikt uit het roestvrij stalen halsgat op.
Tijd, maak dat ik me bij mijn laatste rui
Tot een om alles grijnzend lijk verpop.

Trek een fictieve lijn. Daar ligt je doel.
Toch blijft de wet van Zeno en de slak
(Of schildpad?) gelden. Streep op je gevoel
Een finish aan, vertrek op je gemak,

Denkend: ik heb de route in mijn zak
– De eindstreep haal ik op de juiste tijd,
Mijn hele reis gaat van een leien dak –
Maar dan bega je toch een stommiteit.

Hoe dichter in de buurt van de limiet,
Hoe moeilijker het doel lijkt te bereiken.
Zelfs als het bijna voor het grijpen ligt,

Tot op de millimeter – het *blijft* wijken.
De afstand perst zich samen. Dat gebied
Van tegenstrevend niets heet een gedicht.

Stel dat je wilt ontsnappen aan de tijd
– Dat vale spook dat alles tóch al heeft –
En niet een slak wilt zijn. Aanvaard de strijd
Met de finale gongslag dan als kreeft.

Het helpt wellicht om achteruit te lopen.
Je schuift – een peulenschil – net als dat beest
Een vouwdeur tussen nu en einddoel open,
De borst gericht op waar je bent geweest.

Zo'n omgekeerde reis, probeer het ook.
Tot stip verkleint je grafkuil mét de maden,
De eeuwigheid is bijna niet te tillen.

Je raakt uiteindelijk zelfs aan de kook,
Rood, roder, met als bonus de genade
Om van de pijn niet eens te kunnen gillen.

De straf die is verbonden aan een stem
Is dat je voorwaarts moet, van wieg naar graf.
Een straf omdat – ik zeg het maar met klem –
Vooruitgang meestal neerkomt op bergaf.

Je loopt gejaagd of op een sukkeldraf,
Je valt in prikkeldraad of je glijdt uit,
Je kreunt pathetisch op een wandelstaf
Of juicht op gympies – maar je gééft geluid.

Beweeg je tong. Verpletter het gemis
Van alle toekomst die er tóch niet is
Met openstaande keel. De nood is dringend.

Verhef je stem en ga niet handenwringend
Naar de onwaardige verdommenis.
Stap niet gemuilkorfd op, maar zingend, zingend.

Gezwinde Grijsaard Tijd denkt op een dag:
Ik geef een feestje. Door mijn noeste vlijt
Ben ik doodop en narrig en van slag.
Ook *ik* verlang naar wat gezelligheid.

Hij nodigt Full-Speed uit, de Jonge Tijd,
Een pienter vriendje dat hij graag mag lijden,
En Rap, een Tijd van middelbare leeftijd,
Die nooit verschijnt zonder wat Hoerentijden.

Ze gaan – vanavond geen sonnettenkransen –
Snel over tot de ordinaire lol.
De hoempapa-muziek zorgt voor de sfeer.

Ze slempen en zijn uren in de weer
Om in de toekomst een groot gat te dansen.
Ze hossen alles stuk. Tijd speelt geen rol.

Vanochtend heeft de Tijd een zware kater.
De wekker naast zijn ledikant ontploft,
Maar zonder knal. Het wordt aldoor niet later.
De glazen stolp wordt niet meer afgestoft.

Er hangt een dichte mist in het heelal.
De bergforel die opsprong is bevroren,
De gier is blijven hangen in zijn val.
Er nestelen sponzen in de klokkentoren.

Dan, uit de verte, steekt een licht gezoem
Van stemmen op. Hoor, hoor. Nebukadnezar
Twist met Napoleon. En Al Capone

Fluistert iets in het oor van Julius Caesar.
Oermoeder Eva stuurt verliefde tonen
Uit naar mister Beëlzebub, *I presume*.

TERUGBLIK

Hij kijkt terug, de man van bijna honderd,
Op wat hij heeft beleefd in zijn bestaan.
Hij ziet de episodes deels verwonderd
En deels ook met een scheve glimlach aan.

Hij ziet een smalle wereld van geluk
– Met kinderen die hinkelen en springen –
Waar zich als een misplaatst spektakelstuk
Een wereld van verderf doorheen komt dringen.

Hij hoort gedruis als van een duizendkoppig
Trompetspel – al wat roze is en poppig
Verschrompelt, al wat prilheid is verzuurt.

De kleuter staat te dansen in het graf. –
Wat hem het meest verwondert, achteraf:
Dit heeft maar een seconde of zo geduurd.

Sla de agenda dicht. Zet stil de klok.
Hou op, hou op met twijfelen en gissen.
Vergeet de schopstoel en het struikelblok:
Geen rekensommen nu, geen compromissen.

Ambitie en geknoei zijn voor de dommen.
Maak korte metten met de jachtigheid.
Laat ieder toekomstplan in je verstommen:
De tijd staat stil. Er is voor alles tijd.

Heel kort verkeer je in het paradijs.
Wees zalig. Maak je zelf voor één keer wijs
Dat kwaad gelijk staat met verdommenis,

Dat Holland geregeerd wordt door een Turk,
Dat er een God van liefde en vrede is
En dat er een atoombom valt op Urk.

1999

Een-negen-negen-negen. Wat een jaar.
Een ééntje en drie nullen die hun staart
Mismoedig laten hangen. Pak een schaar –
Een knip – en drie castraties zijn geklaard.

Een slap seizoen. Een fin de siècle hoort
Jong groen te brengen en een nieuw geluid.
Nu klinkt de kreun van het bejaardenoord.
Op heel de aarde bot geen sprietje uit.

We slaan de fles stuk en we gieren suizend
En modieus door de fictieve lijn
Van dat verdomde jubeljaar tweeduizend

En niemand van ons vindt het straks verdacht
Dat nergens minkukels om middernacht
Massaal verzwolgen zijn door een ravijn.

De tijd houdt zich van tijd tot tijd verborgen
En speelt voor hazenhart en hinkepoot;
Een andere keer laat hij fiolen zorgen
En schiet hij voorwaarts als een idioot.

Soms duurt het tachtig jaar tot overmorgen.
Soms ben je al na één seconde dood.
Het tempo dat ons nu eens lijkt te worgen
Stoort ons een andere keer ternauwernood.

De eeuwen spring je door per paardensprong,
De toekomst maak je mee in het verleden,
De horizon belooft geschiedenis –

Vaak sterf je en vaak ben je ook weer jong.
Op morgen volgt met zoveel drift het heden –
Of heel die mallemolen stilstand is.

Het gonst en ratelt in zijn kabinet.
Van chronometer, wekker en pendule
Tot prik- en schaakklok heeft hij neergezet
In zijn museum. 't Lijkt een tijdcapsule.

Ook zwijgzaamheid valt onder zijn formule:
Zandloper, zonnewijzer. Hij bracht reuze
Kerkcarillons bijeen en minuscule
Horlogekasten. Tijdmeting naar keuze.

Te midden van zijn tikkende sculpturen
Wordt hij door een verborgen stem genood
Tot een experiment om één seconde

Te winnen op zo'n rijk bezit aan uren.
Hij spant een veer. Soldeert. Lanceert een sonde.
Grijpt naar zijn hart en is op slag morsdood.

Hij ziet de toekomst voor zich als mals gras.
Hoor hem zijn kaken roeren. Hij heeft trek.
Omzien geeft voor een zakenman geen pas.
Maar morgen is er altijd tijdgebrek.

Agenda's heeft hij en zijn aktentas
Zit vol prognoses, tot de jongste dag.
Van opwinding beslaat zijn brillenglas
Als hij naar nog een gaatje zoeken mag.

Hij graast de toekomst leeg om haar meteen
Opnieuw met hoop te vullen. In een tijd
Die niet te ruimen valt ziet hij geen been.

De toekomst is de ruif waaruit hij eet.
Daar ligt het leven, denkt hij en vergeet
Het nu – zijn enige gelegenheid.

Toen was er het heelal, met veel misbaar.
Een hete adem dreef, in schok na schok,
De wezenloze sintels uit elkaar.
Ad infinitum. Er was nog geen klok.

De kleinste aardverschuiving had de duur
Van anderhalve eeuw. Pas na een paar
Miljoen zonsondergangen stolde het vuur,
Tot er iets kwam als pool en evenaar.

Ze zeggen het. Voor mij is het niet waar.
Voor mij was alles, lucht en zee en land,
Met al wat ademt, in een oogwenk klaar.

In een minuut leek alles uitgebrand.
Maar toen ik, zomaar aan de overkant,
Jou langs zag gaan, verstreek er duizend jaar.

Zijn oogleden zijn loom. Een grijze sluier
Trekt voor zijn aangezicht. In zijn pupil
Troont nog een blik die, aldoor luier,
Niet meer naar buiten kan, maar dat wel wil.

Hij prevelt, voor hij flauwvalt, nog een zin.
Er volgt geen lichte droom, geen duisternis:
Het is een toestand, net er tussenin –
Al denkt hij zelf dat hij klaarwakker is.

Na een minuut of vijf begint zijn lijf
Te schokken, als een kikker onder stroom.
Hij brult geweldig. Hij lijkt niet goed snik.

Dan worden al zijn ledematen stijf.
Zijn kaak blijft open staan. Eén ogenblik
Ziet hij de hemel in een metronoom.

Ik was de weg kwijt in een labyrint.
(Een blunder die in labyrinten mag.)
Ik zocht. Ik rende als een wervelwind.
Vergeefs. Zelfs mijn horloge was van slag.

Bij een granieten rustbank op de hoek
Van duizend paden ging ik overstag.
Ik zat er uit te blazen, als een doek
Zo bleek, toen ik ineens de uitgang zag –

Waarachter een oeroude wereld lag.
Een dinosaurus knikkebolde. Een kei
Lag in de zon te bakken met zijn pens.

Er was geen snelverkeer, geen winstbejag.
Geen bommenwerper vloog hier ooit voorbij.
Men wachtte op de goedheid van de mens.

Zoals de wereld 's nachts bij stroomuitval
Onzichtbaar is – niet eens een schimmenspel –
De slagerswinkel en de bloemenstal,
De boerenkermis, maar ze is er wel –

Zoals er geen verdriet of pijn bestaat
In een van taal verstoken tranendal,
Maar niettemin ontbloot de dageraad
Het bloed, de bloem, de schiettent, wat niet al –

Zó, op een dag, zal ik – zoals de zon
Die openspat – in duizend tongen spreken
En elke tong zal een onthulling zijn.

Ik die nu ben gesloten als een ton
Zal luid en onontkoombaar openbreken
En alles wat naar buiten stroomt is pijn.

Eerst was de klok een oergezellig ding.
Een stut. Een amulet tegen de schrik.
Dat Heden kalm in Vroeger overging,
En Straks in Nu – het kwam door haar getik.

Zij at zich heen door ieder ogenblik.
Schijnbaar op weg naar de verdommenis
– Want dood is alles wat er nog niet is –
Bleef zij de dans ontspringen. Ze had schik.

Nu lijkt het of een grimmig bataljon
De wijzerplaat terugjaagt. 't Is niet mooi.
De tijd keert om. De klok is niet goed snik.

De dood krijgt van de weeromstuit de hik
En slaat een etmaal over. Kijk, de zon
Bevriest. De maan hangt in een vogelkooi.

WEERBERICHT

De zegen komt bij bakken naar beneden.
Er bliksemt welvaart uit de lucht. Er wordt
Een gouden regen uit een hemels Eden
Over de aarde en haar volken uitgestort.

Genade daalt als manna uit de wolken.
Het hagelt zilveren lepels en het plenst
Mascottes. Het Walhalla wordt gemolken.
Omlaag komt alles wat je hart maar wenst.

Een zeker heer krabt luizen uit zijn kop.
Een ander telt zijn paraplu-baleinen.
Een dame torst een wandelhoed met veer.

Een bochel zet zijn rooie badmuts op.
Een wijsgeer voelt zijn gladde schedel schrijnen.
Er is geen mens met aandacht voor het weer.

PEEPSHOW

Ik zie een vrolijk groepje beauty's hossen
In een gewaad van transparante zijde
Onder een hemeldak van druiventrossen
En mandarijnen op een zonneweide –

Ik zie daar ook een tempeltje verrijzen
Waarin een keur van negers staat te wachten
Met schotels vol aanlokkelijke spijzen
En glanzend overeindstaande geslachten –

Een zuil zie ik uit louter edelstenen –
Maar tegelijk is daar het non-descript
En luizig hondje dat er tegen piest,

Waardoor het hele kijkspel is verdwenen
Of God zelf met zijn vingers heeft geknipt.
Kunst is de flits die in het oog bevriest.

Tien jaar. Een bioscoop die Luxor heette.
Daar mocht ik met een vriendje 's zondags heen,
Van drie tot vijf. We zagen de complete
Laurel en Hardy. Eén beeld was obsceen.

De Dunne kroop aan 't einde in een ton
Waarin – experiment of gekkenwerk –
't Elixir zat van een verjongingsbron.
Stan bleef er te lang in of 't was te sterk –

Hoe ook – hij kwam er uit als chimpansee.
Een jonge, natte, onbegroeide aap.
Van schrik werd ik die middag eeuwen ouder.

Na jaren is het nóg of ik diep slaap.
Straks tikt mijn vriendje zachtjes op mijn schouder
En zegt: de film is uit, jongen, kom mee.

OGENBLIK

De stad kookt. Door de stegen razen
Dofogig en met uitgestrekte handen
De mensen, louter spoken, louter dwazen.
Het knettert, en toch woeden nergens branden.

Er vallen zwarte brokken uit de hemel
Die door de straten ketsen en de stromen
In nieuwe banen leiden – het gewemel
Kan bijna niet meer worden waargenomen

Want alles cirkelt rond en alles wijkt
Zó snel, zó blindelings, zó rabiaat –
Het lijkt op een stilleven, onbewogen.

Alleen hoog op de klokkentoren prijkt
In plaats van de vertrouwde wijzerplaat
Een roerloos hoofd met droeve open ogen.

MAN UIT 1799

Als afgezant van de miljoenen lijken
Die wonen onder weiland en trottoir
Werd hij vooruitgestuurd om eens te kijken
Hoe het er uitzag na tweehonderd jaar.

Om zijn geraamte een gele regenjas,
Om ieder vingerkootje een gouden ring
En om zijn kaak een dappere grimas
Gedroeg hij zich een dag als sterveling.

Hij zag het bouwwerk van een architect,
Hij rook de geur van kanker en gangreen,
Hij hoorde een fragment uit Lohengrin,

Hij proefde hoe het stond met intellect
En politiek, en ging hoofdschuddend heen.
Zijn voorbeeld volgde niemand meer sindsdien.

O, toen je dammen bouwde in de beek
En hinkelbanen tekende met krijt
En proppen schoot en kevers ving, het leek
Een eeuwigheid. De tijd had alle tijd.

De tijd is gráág waar blokkendozen zijn
En vlechten, poppen, pislucht, kinderdromen.
Je leeft onder een stolp van zonneschijn.
Het duurt maar. De stagnatie is volkomen.

Maar op je twintigste begint het al.
Er vallen gaten in de eeuwigheid.
Soms ben je zomaar een kwartiertje kwijt.

De tijd raakt stomweg in een vrije val.
Al snel duurt tien jaar nauwelijks een dag.
Een melkweg verder klinkt een holle lach.

DROOM

Ik woonde in een speelgoedstolp van glas.
Zo'n bol waarin het sneeuwen gaat in dikke
En trage vlokken, als een kind hem pas
Heeft omgedraaid. Dat was me even schrikken.

Het gras stak stil en hoog boven mij uit.
De lucht was blauw geverfd. Ik zag het tikken
Van iemands vinger, zonder één geluid.
Er waren sterretjes, als speldenprikken.

Toen werd ik wakker. Languit in het gras
Zag ik de blauwe hemelkoepel trillen,
De sterretjes nog steeds oneindig klein.

Een wind stak op. Het gras begon te rillen.
En ergens klonk, niet ver van waar ik was,
Het huilen van een hogesnelheidstrein.

STAR TREK

De weetal zei: als ik de lichtsnelheid
– Per tel driehonderdduizend kilometer –
Zou overschrijden kwam ik in de tijd
Terecht van Wodan, Caesar en Demeter

Of, verder weg nog, van de lotuseter
Of Eva die een appel liep te zoeken.
Ik zweefde naar de oorsprong van de ether:
O, science fiction uit de jongensboeken.

De oude man herinnert het zich nog.
Hij glimlacht schamper. Daarna spuugt hij bloed.
De wereld is voor hem gezichtsbedrog.

Hij hoest. Hij heeft aan één seizoen genoeg.
Hij hijgt. En als hij overgeven moet
Klinkt er applaus op uit de ziekenboeg.

Een jeugd van zemen lap en varkenszwoerd,
Van vegeteren tussen dommekrachten,
Met nauwelijks begrip voor wat zich roert
En altijd doodsgedoe en doodsgedachten.

Een middelbare leeftijd, ingesnoerd
Door strebers op het werk die hem verachten,
Terwijl een gade spichtig naar hem loert
En hij vergeefs verlangt naar zomernachten.

De laatste jaren schimpt zijn dronken wijf
Op zijn gebit en manke onderlijf.
Ze fulmineert. Ze zanikt aan één stuk.

Er komt galant een lus voorbijgezweefd.
Hij steekt zijn kop erin en hij beleeft
Zijn eerste drie seconden van geluk.

Er schuiven metershoge torren door
Een tunnel van groen zand en brandend lover.
Ze volgen een verankerd perspex spoor
En doen er onvoorstelbaar langzaam over.

Er is een plein dat als een prentenboek
Wordt omgeslagen, eerst een vredig plein,
Dan weer een plein waar je op elke hoek
Een tijdbom ziet, onder een baldakijn.

Explosies laten iedereen Siberisch.
– Er schuilt ook kruitdamp in de speldenprik. –
De schuimkraag bladdert af. Er stuift een stoomtrein

Voorbij, in brons gegoten. Haast etherisch
Drijft een triomfboog rond. Kijk, daar loop ik:
Een lichaam, opgetrokken uit fantoompijn.

Een zomer samenballen in een uur,
Op wolken een paleis van marmer bouwen,
Een vriendje redden uit een poel van vuur,
Een alp bedwingen en op God vertrouwen,

Dat alles wilde ik. De gouden pot,
De regenboog. Ik wilde met matrozen
Naar verre havens, op een houten vlot.
Ik wilde doden in hun kist zien blozen.

Maar ik ontwaakte. Even was het of
Een man passeerde met een wichelroede.
Ik wreef het dromenwaas van mijn gezicht.

Ik zag een wereld, naakt en kil en dof,
En hoe het daar uit echte wonden bloedde.
En voor het eerst schreef ik toen een gedicht.

ZONSVERDUISTERING

We maakten bij een kaars een reepje glas
Roetzwart en hadden toen een heuse bril –
Een oogbeschermer voor een habbekras.
Er is een zonsverduistering op til.

De hele klas komt op de wei bijeen.
Traag schuift over de zon een zwarte schil.
We turen naar de lucht en iedereen
Wacht ongelovig af. Dan wordt het kil.

Een kou zet in die niemand heeft verwacht.
Het gras rilt. In de plotselinge nacht
Brandt licht dat al een eeuw lijkt stil te staan.

Vanuit een hoekhuis schreeuwt een baviaan,
Hoewel daar nimmer bavianen waren.
De aarde zwijgt en wij zijn zoutpilaren.

Ik stootte op een grote koekoeksklok,
Manshoog en met veel houtsnijwerk en krullen,
Zó lelijk dat ik mij een hoedje schrok.
Ze was beslist de moeder aller prullen.

Ik ging met brede schouders voor haar staan,
Van plan om uitgebreid op haar te schelden.
'Mevrouw, ik hoop u nooit te horen slaan.
Zo'n achterlijke tijd, die zie je zelden.'

't Was twee seconden voor het volle uur.
Toen sloeg haar deurtje open en naar buiten
Kwam, aan een stalen veer, een bokshandschoen.

Sindsdien kan ik alleen nog boete doen.
Ik ben een zwerver zonder rust of duur
En nooit zal ik mijn neus meer kunnen snuiten.

Pocatuotl kwam met de Tolteken
In Yucatan een zonnetempel bouwen –
Om zo de lichtgod van dichtbij te smeken
Voor hem en zijn geloof niet te verflauwen.

Hij bouwde een trap van honderdduizend treden
En meer, een trap die aldoor hoger kon:
Pocatuotl was niet snel tevreden.
Hij had *veel* zegen nodig van de zon.

De aarde beefde en heeft zijn hele tempel
In puin gelegd, dat machtige exempel
Van harmonie en kracht en lijnenspel.

De sporen in het landschap sleten snel.
Er *was* geen trap. Nooit stond er iets concreets.
Alleen Pocatuotl klimt nog steeds.

Blind zijn de muren van de stompe toren
Die in het veld verrijst als citadel,
Potdicht dat fort – en toch kun je ze horen,
De stemmen van de schimmen in hun cel.

Hun hels tumult bezorgt je kippenvel.
De mannen praten luidkeels door elkaar
En schelden, maar zo woest en razendsnel
Dat je niets wijzer wordt van hun misbaar.

Of je nu flarden hoort als Allah, God,
Of van het woord Jeruzalem de brokken,
Het blijft een onbegrijpelijk refrein.

Er zitten kruisvaarders in dat cachot
Die met een glorieuze grijns vertrokken
En stapelgek teruggekomen zijn.

DERTIENDE EEUW

Ik was een bedelmonnik in die eeuw.
Vaak, in een schuilplaats, zoemde in mijn oor
Een vreemde code – in de laatste schreeuw
Op brandstapels klonken signalen door.

Ik had in al die klanken iets gehoord.
Mij heeft, onder mijn grove, bruine pij,
Een hete en tevens koude pijl doorboord,
Een wonde in mijn hart en in mijn zij.

In de versleuteling van de Katharen
Of in de kreet van de verdoemde ziel
Klonk iets, of het mij al of niet beviel,

Van het geween mee van de mensenscharen
Die in de toekomst, achtmaal honderd jaren,
Nog altijd zouden zoeken naar asiel.

Ineens stond daar, zeis in de hand, de Pest.
Een duif rustte in de manen van de leeuw,
Een kogel sluimerde in het zwaluwnest
En op de paarse druiventros lag sneeuw.

Op elke honderd doden had één man
Nog nét een schop of lijkbaar kunnen tillen.
Hij deed het niet. Hij was, in plaats daarvan,
Bedrijvig in de weer zich zelf te villen.

Op tienduizend gevilden kon er één,
Als laatste daad, de God van die sick joke
Voorgoed hebben vervloekt. Vergeet het maar.

Op elk miljoen fanaten dat alleen
Naar zondebokken zocht had je zowaar
Nog één rechtvaardige en die stierf ook.

De hele wereld wordt in kaart gebracht.
De geur van nootmuskaat is de magneet,
De kruidnagel is duurder dan smaragd.
De globe wordt tot één kerk omgesmeed.

Al de Columbussen en de Da Gama's
In dienst van deze of gene majesteit
Op weg naar India, naar de Bahama's,
Naar Kaap de Goede Hoop op Vet Profijt,

Ze minderden hun vaart niet, van Saigon
Tot Volendam – snel als een bliksemschicht.
Ze hunkerden voortaan als desperado's

Met verve naar de nieuwste eldorado's
En ze begrepen niet: voor eeuwig ligt
Het paradijs achter de horizon.

Een storm stak uit het diepst op van de hel
En sloeg de beelden stuk voor stuk kapot
– Maria, Jozef, Anna, Michaël – ,
Eén heilige alleen ontliep dat lot.

Hij werd tussen de broden en het meel
Ontvoerd door een devote bakkersknecht
En kwam, verscholen achter een paneel,
In zekere dorpskerk verderop terecht.

De heilige, nog altijd wit van schrik,
Werd eeuwen later op die plek gevonden,
De tong verlamd door wat hij destijds zag.

Maar is een eeuw in waarheid een seconde
Voor God, dan wacht ons ieder ogenblik
Zijn luide en bloedstollende verslag.

Toen aarde en zeeën waren opgedeeld
Met passers, kaarten, globe en kompas,
Toen al wat van een magisch wereldbeeld
Resteerde naar de belt verwezen was

En Ptolemaeus rustte bij de wormen,
Kon niets meer tegenhouden dat ook God
Werd opgesplitst in twee verschijningsvormen:
In die van windmolen en Don Quichot.

Je hoort de mens, sindsdien, gedurig gillen
Om spoken die hij zelf heeft opgeroepen –
Hij dobbert in papieren reddingsloepen,

Hij duelleert bij voorkeur met een broos
Geraamte en je ziet hem radeloos
Rondtollen in zijn eigen dorpsidylle.

Het licht gegrom beloofde weinig goeds.
Er trokken zwavelwolken voor de zon.
Een galarijtuig tuimelde onverhoeds
De afgrond in. Aardbeving te Lissabon.

Een schok, en nog een tweede en derde schok.
De kathedraal brak stuk als porselein
En op de infante viel de bronzen klok.
Gegil en vuur. De stad werd een woestijn.

De schuldeloze aan de galg verschroeide,
De schurk in de ruïnes had vrij spel:
Een filiaal op aarde van de hel.

Een dagreis verderop, als in een droom
Waar altijd stilte heerste en honing vloeide,
Zat God te smullen in een kersenboom.

In één vallei wordt alles opgeslagen.
Daar tronen rij aan rij de reuzensilo's
Waarin ze boeken, foto's, jaarverslagen
En kranten bergen, ongeacht de kilo's.

In die vallei kent elk kalenderjaar
Zijn eigen tempel. Een geavanceerd
Transportnet voert papier van hot naar haar,
Tot alles ideaal is gesorteerd –

Tot, zogezegd, de jaargang achtentachtig
In pakhuis nummer achtentachtig ligt.
Men schuift en schikt. Het is een soort bezwering.

Maar midden in dat dal torent reusachtig
De Silo van de Onzekere Datering
En niemand in die loods doet een oog dicht.

Dit was de eeuw van profiteurs en rampen,
Van mijnen, bommenwerpers, vitamines,
Van sellotape en concentratiekampen,
Van psychiaters, hansaplast, doctrines.

Dit was de eeuw van radio's en lampen,
Van loopgraaf, automaten, zenuwzieken,
Van advertenties en benzinedampen,
Van architecten, diepvries, statistieken.

De eeuw van beursaandelen en failliet,
De eeuw van Tomahawk en Messerschmitt,
De eeuw van aspirine en luisterlied,

Van Jan en Klaas en Leen en Henk en Piet.
De eeuw, kortom, van waan en massamoord.
Veel viel er te genieten voor ons soort.

De wereld kent een ordinaire tijd.
Hij sukkelt recht vooruit en z'n patroon
Van regel en getal raakt hij niet kwijt.
'Hij vliegt gelijk een schaduw.' Doodgewoon.

Hij loopt warempel met zichzelf synchroon.
Nooit wordt hij ingekort of uitgedijd.
Hij is, zeg maar, behoorlijk monotoon.
Hij tikt voor koningin en keukenmeid.

Het is een raadsel. *Ik* ken zoveel tijden.
Ze aarzelen, ze dansen en ze glijden –
Een wirwar, tropenjaren, kloosterjaren.

Als ik *jou* zie, met wapperende haren,
Begint er wéér een eeuw. Als ik mijn zonden
Moet tellen haal ik hooguit twee seconden.

Zijn ogen worden week en in zijn nek
Staan blonde haartjes ragfijn overeind
Wanneer hij denkt aan een bagagerek
En aan een hut die op de golven deint –

Haar ogen lichten op en in haar hals
Verschijnen rode minuscule vlekken
Zodra ze mijmert over galabals
Waar tangodansers zijn en meidengekken –

Al spuit u tonnen zuurstof in uw bloed,
Al doet u fanatiek aan hordenlopen,
Al volgt u alle modes op de voet:

Verkwist uw geld aan pillen, train, jog, zwem,
Uw naam, Adonis, blijft Methusalem.
Nooit zult u, bange man, hun dromen kopen.

BIJ DE BOOM

Een wandelpark. Er holt een jong stel weg.
Ze hebben in een boom een hart gekerfd.
Twee initialen, pijl. De dood heeft pech:
Hun liefde sterft niet als de stam niet sterft.

Ze spelen krijgertje om een dikke boom
Die verderop staat, in het dansend licht
Van blad en zon. Ze leven in een droom.
Ze lachen en verdwijnen dan uit zicht.

Je sluit je ogen en je hoort een lied
Van vroeger. Tralala. Net zo verliefd
En springerig verbraste jij je dagen.

Of er een bliksem door je hersens klieft,
Zo schrik je naast de stam op en je ziet
Een korstig hart dat groen is uitgeslagen.

Ze was de dienstmeid van Piet Mondriaan.
Ze schuurde al zijn potten en zijn pannen,
Ze zorgde voor het glimmen van de kraan
En sjouwde tot elk pluisje was verbannen.

Ze wond zijn wekkers en pendules op,
Want als er iets niet klopte werd Piet boos.
Ze zette Piets penselen in het sop.
Dat deed ze alle dagen, vreugdeloos.

Maar op een ochtend kwam ze zingend binnen,
Strooiende stof en snippers in het rond.
Ze brak een pot en sloeg de klokken stuk.

Die dag weenden de muzen van geluk.
Er stond ineens een krulstaart op Piets linnen
En uit zijn blokkendozen stak een lont.

Mijn doodsvijanden heten stof en pluis.
Ik ben de gesel van de spinnenwebben.
Zie hoe ik keer en ruim en poets en kuis –
De oude spinsels zullen mij niet hebben.

In een aan kant gemaakt en helder huis
Kan het bestaan altijd opnieuw beginnen.
Mijn broodheer noemt mij – hij is nooit abuis –
'De Mondriaan van haard en tafellinnen.'

Ik had maar weinig schik in zijn fauteuils.
Zijn staande schemerlamp werd neonbuis.
Ik ben tenslotte bezemkunstenaar.

Ik gaf zijn bed mee aan een scharrelaar –
Zijn dikke, donzen dekens ook. Gezond
Maar prachtig zal hij dromen op de grond.

Waar ik van houd is het vertraagd bestaan,
Het radicaal vergeten van de tijd
In een decor van kerkhofmuur en maan
Met niets dan kwakkelweer en eenzaamheid,

De hang naar noeste arbeid en prestatie
– Van zes uur 's morgens tot diep in de nacht –
En de ontmoeting met de inspiratie
Wanneer je daar het minst op bent bedacht,

De marteling door toedoen van een vriend,
De jovialiteit van kale dwergen,
De houdgreep van een papperige hand,

De centen die je geenszins hebt verdiend,
De heerschappij van het gezond verstand,
Het paard op zee en schepen in de bergen.

Het licht is anders, anders is de geur.
De lucht geeft minder mee, de bloedsomloop
Is eerder onbestemd dan rood van kleur,
De ogen zwemmen in een meer van stroop.

In alle rechte lijnen zit een knoop.
Het is of ik iets desolaats bespeur
In wat zo pas nog was vervuld van hoop.
Hetzelfde spel, een wildvreemde souffleur.

Ik weet niet wat er aan mijn stemming schort.
Er is in mijn geheugen iets geraakt
En mij ontgaat waaraan dit denken doet:

Aan iets wat ik een keer heb meegemaakt
Of iets wat ik alsnog beleven moet –
Waarschijnlijk, naar ik vrees, heel binnenkort.

Ik moet een huis om nergens thuis te zijn.
Ik moet een dak voor mijn zigeunerschap.
Geen einde komt er anders aan de pijn
Waarop ik mij als dakloze betrap –

Dat ginds iets zou bestaan als een domein
Met luie stoel en klok en dakkapel
En keukenkast met eigen porselein
En olifant. – Verlangen is een hel.

Ik moet meteen een huis om te ontsnappen.
Ik moet een kamer om niet in te blijven,
Een bed dat niets wil weten van de slaap,

Ik moet een kachel aan de verste kaap,
Een huisgenoot om tegenaan te trappen,
Een tafel om niet aan te hoeven schrijven.

Ik zie de foto van de idioot –
Dierlijk en zelfgenoegzaam streelt
Hij zijn geslacht. De gek is allang dood.
De foto is gebarsten en vergeeld.

Haast elke zenuw aan die man bewoog
En werd bevroren in die ene shot.
Ik tel als een volleerd archeoloog
De barsten na. Ik heb het oog van God.

Ik kijk de waanzin recht in het gezicht.
De schedel van de idioot is kaal.
Zijn lul is vierentwintig centimeter.

Koel observeer ik schaduwen en licht.
Ik tel de vingerkootjes. God keek beter,
Want ik vertrouw het nog niet helemaal.

De stad is aan het wandelen geslagen.
De winkels gaan gearmd, in rij na rij.
Een kraakpand neemt verheugd de benenwagen.
De rechtbank hinkt. De schouwburg kruipt voorbij.

Men ziet een algeheel en hevig lopen,
Een kuieren, een komen en een gaan
Van stadspaleizen, bars en bioscopen.
Niet één perceel dat stil kan blijven staan.

Ik ben bevroren en troon in een hoek.
Een ronde kiosk met een groene hoed.
Soms krijg ik kerk of rechtbank op bezoek

Of een voortvluchtig badhuis stopt spontaan.
Ik tel vandaag het kleingeld extra goed
En reik hun uit mijn buik een krantje aan.

We zijn genoeg vernederd en bespot
Door halfgeleerden met hun boekenwijsheid
En met hun regelrechte lijn naar God,
Terwijl ze *ons* verwezen naar de ijstijd.

Wij zijn genoeg voor achterlijk versleten.
Kom, vriend, de revolutie start vandaag.
We zijn met attributen ruim bemeten.
Dood Galilei met een motorzaag.

Trakteer Voltaire op elektroshocks,
Erasmus op een overdosis speed.
Maak Bacon, Nietzsche, Swift weer orthodox

Met laser, centrifuge, turboprop,
En wat de Heer betreft: kruisig hem niet,
Maar plak een gele sticker op zijn kop.

Ik heb een klein, zwart gat dat middenin
Mijn hersenpan troont, naast de hypofyse,
Tussen gezichts- en evenwichtszin in,
(Dit ten gerieve van de meer preciezen),

En alle beelden, rusteloos of stil,
Wat je liet rillen of wat vonken sproeide,
Beelden van een gebaar, een blik, een gil,
Van razzia's en rails, van vlees dat schroeide,

Van hele steden die je zag ontploffen,
Van mensenzeeën met geheven armen,
Beelden van oorden, door de pest getroffen,

Pristina, Ieper, Sharpeville, Stalingrad,
Van botten, schedels, ledematen, darmen
Verdwenen spoorloos in dat zwarte gat.

Door helden na te rennen en in koor
Hun holle kreten te beamen, door
Katoen en ohropax te dragen in het oor,
Door al wat hulpeloos is omnivoor

Tot moes te stampen, als een meteoor
Op de aarde in te slaan, met gas en chloor
Elkaar te lijf te gaan, per kruisverhoor
Te treiteren, te martelen, aldoor –

Door in een ijltempo de vlag in stok
Te hijsen voor de grootste kletsmajoor,
Met om z'n pols een dolgedraaide klok,

Door met de vaart van een konijnenhok
Te zorgen voor kanonnenvoer, zo trok
De mens in deze eeuw zijn slakkenspoor.

Kijk op uw eeuw terug. Geen zomerdag
Of een granaatinslag kwam hem bederven.
Een luchtalarm – en elke kinderlach
Onmiddellijk bedolven onder scherven.

Gedenk de mens. Hij jankte en was wreed.
Hij had het moorden flink onder de knie.
Zijn beste vriend was zenuwgas. – U weet:
Zo bent u niet. – U prijst de amnesie.

Kijk in de spiegel. Zie u zelf daar staan.
Een man of vrouw die wars is van geweld,
Die alles ernstig onderzoekt en tóch

Kan lachen, die gastvrij is en spontaan,
Die als hij slaan wil eerst tot honderd telt
En nooit gehoord heeft van gezichtsbedrog.

LUCHTSPIEGELINGEN
(2001)

Gedichten, voornamelijk elegisch

MOOIE RAADSELS

Zij zet haar masker af en wat ik zie
Is nog een masker. Ook dat zet ze af.
Wat dan verschijnt is masker nummer drie.
Vier, vijf, zes, zeven volgen op een draf.

'Het laatste masker,' zegt zij. Nummer acht.
Ik zal de waarheid zien. Kan ik er tegen?
Maar het gelaat dat vrijkomt lijkt verdacht
Veel op het eerste masker. Dat maakt negen.

Ze loog. Haar laatste masker is er niet.
Elfduizend elf. Steeds keert het eerste weer.
Een bloot gezicht is een staaf dynamiet.
Er gaat veel helderheid van uit. Eén keer.

De god van de poëzie, o zie – hij schuurt
Met zijn vereelte buik over de aarde
En stoot, waar zijn gelovig oog ook tuurt,
Op geen akkoord, geen notenbalk van waarde.

Korst kruipt op korst. Vol uitgedroogde wonden
En schrale zweren zijn, ondanks het letsel,
Ondanks de kiezelstenen die hem schonden
De liezen en het miezerig staketsel.

Heel in de verte wacht muziek – misschien.
Hij perst zich door nog duizend ongemakken.
Zijn laatste druppel bloed valt ongezien
In een kolonie kille kakkerlakken.

Er zweeft een hamer boven je gezicht.
Je ligt in bed, maar bent niet aan het dromen.
De hamer daalt. Je doet je ogen dicht.
Je weet dat hij zo op je neer zal komen.

Met een fluwelen streek glijdt hij omlaag,
Van schouderblad naar navel naar abdomen.
De stalen makker mag je blijkbaar graag
Dat hij zijn hardheid zo weet in te tomen.

Daarop begint de moker zonder schromen
En gummiachtig in je kruis te woelen.
Je voelt het leven uit je lichaam stromen.
Het duizelt je. Zonder je ziek te voelen.

'De doden slaan hun ogen op. De schors
Ontkrult zich eigenhandig van de bomen.
Giraffen rennen door de corridors.'
Het zijn wel *erg* zorgwekkende symptomen.

Wel is er het verlangen naar een hand
Die zich verwonderd op zijn schouder legt
En droomt hij hoe, vanuit een niemandsland,
Een stem hem liefdevolle woorden zegt;

Ook is er de begeerte naar een blik
Die stil, maar welgezind de zijne kruist
En mijmert hij hoe hem een lichte knik
Naar een gewichtloos paradijs doorsluist;

Soms ziet hij ook, als hij zijn ogen sluit,
Een brandend lichaamsdeel dat hem verleidt,
Een duizeling van bloed en haar en huid
Die luidkeels oproept tot vergetelheid –

Maar *hoe* ze wenken, hand, blik, knik of stem,
Hoe het geslacht zich ook in vlammen tooit,
Niets is er wat uiteindelijk in hem
De lange, dunne staaf van ijs ontdooit.

NEERDALING

Gedachte geeft beweging aan de steen,
De kunst wordt door verstening omgebracht.
Of al wat we bedachten nu verdween
In de onsterfelijkheid of met de nacht:

In den beginne was de stap. Hoe lang
Zijn we al bezig met het uitproberen –
Om tussen hemelvaart en ondergang
Nu eens te dansen, dan weer te marcheren?

Het kruipen hebben we misschien verleerd,
Maar vaak is onze vaart nog veel te groot.
Wie leeft er die de zwaartekracht trotseert?

De renner en de luiaard wacht de dood,
Er is geen denken dat die uitkomst keert.

Toch droomde ik: een heilige van steen
Kwam langzaam op mij af met open armen.

Ik mocht mij aan zijn trage hart verwarmen
En in het juiste tempo ging ik heen.

FIETSTOCHT

Het verre postkantoor was de magneet.
Niet om de luchtpostzegels of de taal
Van overzeese stempels – nee, het deed
Op tweehoog 's middags dienst als jeugdleeszaal.

Tweemaal, op dinsdag en op donderdag,
Verdween ik in het ruime trapportaal
En kwam weer buiten met een brede lach.
Ik had mijn voorraad boeken andermaal.

Met in mijn hoofd een eerste regel die
Ik vluchtig had gezien bij een verhaal
Werd, fietsend, al naar het vervolg gegist.

Toch geselde ik vervaarlijk het pedaal
Om sneller thuis te zijn, omdat ik wist:
Het boek is beter dan de fantasie.

Je kunt, als je die heer groet, iemand worden.
Zodra zijn blik jou opvangt zal het heten:
Je bent gezien. Je bent de grauwe horden
Ontstegen, bent een schakel in de keten. –

Het *is* geen grauwheid waar je nu in leeft.
Aanschouw je hand die glinstert, vol vertrouwen
Dat je haar vingers *niet* die heer daar geeft.
Berg dus je handen weg, diep in je mouwen.

Je naam zelfs zou je hem niet mogen zeggen. –
Men prijst de eenvoud omdat menigeen
Daar zo'n raffinement in weet te leggen,
Men prijst haar nooit eens om haar zelf alleen.

Daar stond een muur die ik heb aangeraakt.
De muur werd afgebroken. Van het puin
Werd verderop een fundament gemaakt.
Ik plantte een fruitboom in mijn oude tuin.

Die werd geasfalteerd. Vijf meter diep
Houdt zich een wortelstronk nog grommend koest.
Vijf eeuwen lang desnoods. De Spaanse griep
Landt ooit op Mars omdat ik heb gehoest.

Er was een vriend aan wie ik heb geschreven,
Een rots waar ik mijn naam in heb gekerfd.
Je bent een deel van alles bij je leven
En alles blijft bestaan wanneer je sterft.

OPTISCH BEDROG

Hij zit er bleek en uitgemergeld bij,
Of hij tot in zijn botten is bevroren.
Geen wezen dat zo roerloos zit als hij.
Hij zwijgt en lijkt de wereld niet te horen –

Niets dan een stip, zo hoog is hij gezeten.
Ooit zag zijn volk hem voor een wijze aan,
Maar in de loop der tijd werd hij vergeten.
Ze zien zijn zuil eenvoudig niet meer staan.

Ach, drukke mensen weten alles beter.
Maar hadden ze opgekeken van de straat,
Dan had men moeten concluderen dat

Er onmiskenbaar iets bewogen had
En dat de zuil per jaar een millimeter
Was opgeschoven, richting dageraad.

WOORDENSCHAT

’t Is wonderlijk om als een omnivoor
De woorden op te kunnen vissen uit
Een zelden aangesproken reservoir
Van taal, een zwarte bron die zich ontsluit

Zodra je in haar mijnengang afdaalt.
Daar sluimert alles wat je moeder zei,
Daar zijn de woorden uit je jeugd verdwaald,
Daar is de taal nog nieuw en vogelvrij.

Wat wordt omhooggehaald gaat zich verbinden
Tot zinnen die zo helder zijn als glas.
Ik zou er van geluk om moeten wenen –

Dat ik iets in mijn eigen hoofd kan vinden
Wat ik niet wist dat daar te vinden was –
Fluor en mica in de dode stenen.

HELP

De wind probeert een lied op mij te spelen.
Er valt geen zin of woord in te ontdekken.
Ik ben gestemd, mijn snaren zijn met velen,
Maar god noch duivel weet ik te playbacken.

Mijn boodschap klinkt als uit de hals van gekken.
Ik ben de nieuwe brug. Hoor, bij elkaar
Kan ik de beide oevers niet betrekken.
Wat hier aanwezig is was ook al daar.

Het nieuwe daar verschilt in niets van hier.
In al mijn draden suist het als bezeten.
Er is geen overdracht. Het helpt geen zier.

Ik loop van niets naar niets. Ik ben vergeten
Een brug te zijn over de doodsrivier
Met aan de overzijde *echte* kreten.

Ergens, twaalfmaal zeven landen ver,
Aan gene zijde van de Dode Zee,
En verder nog, voorbij de morgenster,
Waar Nergenshuizen grenst aan Nineve,

Achter een haveloze slingerklok,
Sinds jaar en dag al niet meer in bedrijf,
In een vergeten muurspleet, in de rok
Van het daarachter hurkend oude wijf,

En in de zeventigste plooi of zo,
Ter hoogte van een nogal slordig gat
Uit het jaar nul, daar troont een witte vlo
Te midden van een fiere koningsstad.

Het is een stille straat. Je loopt er graag.
Er lijken geen bewoners te bestaan.
Een briefje aan de deur: 'Geen brood vandaag.'
Je waant je in het oog van een orkaan.

Je bent de Marseillaise aan het fluiten.
Krijg de kolere. Krijg de teringpokken.
Ter hoogte van Fijnstrijkerij 'Van Buiten'
Zie je ineens een oude zwerver sjokken.

'Het einde is nabij,' roept hij. Spuit-elf.
Zijn slijm vliegt rond. Het is een enge vent.
Je weet wel wie het is. Je bent het zelf.
Toch doe je mooi alsof je hem niet kent.

Het wrak hangt in de lucht, alsof een hand
Het uit een donkere zee heeft opgetild.
Een tijdlang moet het hebben nagetrild –
Nu drijft het roerloos in een niemandsland.

Het is een deerniswekkend tafereel –
In zijn cocon van bloed en spinnenrag,
Met nog wat rafels van een blauwe vlag,
Sterft daar het ooit zo trotse zeekasteel.

Prooi van een ander licht. Het mag nog even
Voor het tot stofwolk explodeert, verheven
Poseren boven Tafelberg, met tussen
Karkas en tafel een onzichtbaar kussen.

Ik had de oude eeuw heel graag gehouden.
Ze was te kort. Ik moest nog zoveel doen.
Ik was niet meer dan af en toe verkouden
En in geen tak van sport de kampioen.

De hel, het vreemdelingenlegioen
En een verlamming had ik nog te goed.
Ik kreeg geen tongkus van een schorpioen,
Geen virus zegevierde in mijn bloed.

Ik was nog altijd niet in Benidorm.
Er is mij niet verkondigd hoe de bril heet
Die alles roze kleurt. Wat een gemis.

De wonderlijke eeuw die aanbreekt is
Mij net zo welkom als een winterstorm
Of als een zweer die klopt, recht in mijn bilspleet.

Ik weet niet wat er was met de ruïne,
Maar onlangs ving zij aan mij te vertellen
Met ongeziene tong van het geziene:
Hoe zij met roversbenden had te stellen;

Hoe zij uit een dwangmatige routine
Een eeuwlang niets verried aan de rebellen;
Hoe nu haar muren stonken naar urine
En haar geheugen haar begon te kwellen:

Zij kende uren dat zij niet meer wist
Waar zij haar oud geheim verborgen hield.
Een tijd geleden kwam er nog zo'n fielt –

Hij zocht vergeefs en had maar weer gepist.
Nu was zij moe. Of ik het weten wou?
Ik knikte en ik zie nog steeds asgrauw.

De hemel is een ongelukkig ding.
Er is een overdaad aan goed gedrag.
Geen buitenbeentje, geen verstekeling
Tornt aan het aldoor hemelse gezag.

De hemel is een helse zondagsschool,
Een oord waar je gelijkgestemde zielen
Ontmoet zonder contrast of tegenpool:
Een eindbestemming, louter voor debielen.

De echte ziel laat zich begerig kneden.
Bij elke dood maakt ze zich uit de voeten
Om zich weer met een ander lijf te kleden.

Ze heeft bij voorkeur iets bijzonders aan.
Ze wordt een geisha of mohammedaan
En graag een negerin met zomersproeten.

Ik vond het zelf nog onbehoorlijk vroeg.
Toch koesterde de Grote Kaarsendover
Een ander plan. Hij vond het mooi genoeg:
Ik moest en zou de laatste grenspaal over.

Hij kneep mijn pit af. Nooit meer naar de kroeg,
Nooit meer onnozel naar de meiden kijken:
Niet één pleziertje had ik voor de boeg.
Ik kon nog net mijn eigen kist bereiken.

Geen klok die om mijn heengaan sneller sloeg.
Op weg naar boven hoorde ik niemand rouwen,
Maar in de hemel was men welgezind.

Ik mocht er, mits ik mij volmaakt gedroeg,
Van lucifers een Eiffeltoren bouwen
En garen spinnen uit de wervelwind.

OVERAL EN NERGENS

Het zijn de kersen in een blauwe kom.
Het is de kom die valt en breekt tot gruis.
Het zijn de scherven in een splinterbom.
Het is de bom die neerdaalt op een huis.

Het is de woning met een ledikant.
Het is het bed dat net werd toegedekt.
Het zijn de lakens met een rode rand.
Het is het bloed dat in een groeve lekt.

Het zijn de ijzeraders met pyriet.
Het is de steen waar mensen vuur uit slaan.
Het is de vonk die in je ogen schiet
En met die ogen kijk je me nu aan.

Het is de hoorn van een rinoceros.
Het is de hardheid van een donzen vuist.
Het zijn de veren uit een vogeldos.
Het is de spreeuw die in de fruitboom huist.

Het is de tak waaraan het groen verschijnt.
Het is de kleur waarvoor de liefde wijkt.
Het is de haat die ieder ding verkleint.
Het is de dwerg die tot de hemel reikt.

Het is de reus die op de doden danst.
Het is het bloed dat opwelt uit de grond.
Het is het rood dat op je lippen glanst
En met die lippen zoek je nu mijn mond.

Het is het goud dat in de modder blinkt.
Het is de troebelheid die vissers trekt.
Het is het bootje dat steeds dieper zinkt.
Het is de bodem, met fijn stof bedekt.

Het zijn de korrels uit een poederdoos.
Het is de schmink waarmee de clown zich tooit.
Het is het circus van de ah's en oh's.
Het is de kille schrik die nooit ontdooit.

Het is de bui waar de woestijn om smeekt.
Het is de cactus van de weeromstuit.
Het is de drift die uit je handen spreekt
En met die handen streel je nu mijn huid.

FAUST, ZOVEELSTE DEEL

De ruimte van een plein. Het is al nacht.
De hele dag liep ik door nauwe stegen
Waar ik verdwaasd mijn leven overdacht:
As, stof en zaagsel om bijeen te vegen.

De ruimte, eindelijk. Een klok die luidt.
Het is het stadsplein van een oude prent.
Tientallen stegen komen er op uit.
Poort, boog en standbeeld, alles is present.

Traag loop ik op het stralend marmer af.
Het is, hoe kan het anders, volle maan.
Een uil roept. In de verte klinkt geblaf.
Ik zie mijn moeder op de sokkel staan.

De dag daarop opnieuw het labyrint.
Hier kom ik nooit meer uit. *Nu* is het weer
Het beeld van gisteren dat mij verblindt.
Mijn moeder, rijzend in gewijde sfeer.

Zou zij er nog staan, in het snelverkeer?
Ik durf mijn stegennet niet uit. – Ze leek
Op een jong kind, het meisje van weleer –
Met een gezicht vol teerheid, en toch bleek.

Ik zie haar rok nog golven, marmerglad.
Haar rechterhand rust luchtig op een staf.
En bovenal herinner ik me dat
Ze mij om klokslag twaalf een knipoog gaf.

Ik vraag me af of het een knipoog was.
Wie weet was het een onheilspellend teken.
Zij was zo jong ineens, ik het karkas.
Het had tot nu toe andersom geleken.

Maakte u *mij* wakker, moeder, of ik u?
Was het een teken of alleen een groet?
Ik wil weer naar het stadsplein, nondedju.
Ik sta er al, gewoon omdat het moet.

Het plein lijkt een ontruimde autodroom.
Alleen wat straatlantaarns staan er te schijnen.
De sokkel is ook leeg. Ik zie een zoom
Van golvend marmer om een hoek verdwijnen.

ONTMOETING

Boven de sokkel zweeft nog fosforgloed.
Het plein zwijgt. In een verre steeg breekt glas.
Ik sta stokstil en voel me doodgebloed –
Ik, die de vader van mijn moeder was.

Ik weet niet hoeveel uren ik daar sta.
Ik voel een pijnscheut in mijn alvleesklier.
Weer luidt een klok. Ik moet haar achterna.
Dat ze niet heeft gewacht is geen manier.

Ik vrees dat ik vannacht versneld verouder.
Iets kraakt – of er een schim achter me staat.
'Mij zoekt u.' Er klopt iemand op mijn schouder.
'Een waar genoegen – Nathan, advocaat.'

Kraalogen heeft hij. Regelmatig steekt er
Een storm onder zijn zwarte mantel op.
Dan stijgt en daalt hij. Ik negeer het. Spreekt er
Niet louter redding uit zijn vogelkop?

Ik zwicht voor het vertrouwen in zijn blik.
Het biechten gaat mij heel eenvoudig af.
'Het was mijn dode moeder niet,' zeg ik,
'Niet de gerimpelde, niet die van 't graf –

Het beeld was glad en ongerept. Zij heerste.
Er bloeiden anemonen uit haar staf.
Ze was een meesteres en toch de teerste.
Ik weet niet wat voor teken zij mij gaf.'

‘Er is een dansvloer waar de beelden samenkomen,’
Zegt Nathan. ‘Laat mij daar je pleiter zijn.’
Hij schetst het feest van woorden, vormen, dromen
En zonden – aan de keerzij van dit plein –

Dat elke maand uitzinnig wordt gevierd.
Een dans van wensen en herinneringen
Waar zelfs de bronzen wijsgeer raast en tiert
En scherven van de gipsafgietsels springen.

‘Ze zijn er gul.’ Hij toont me een papier.
‘Hun spel is ernst en onze ernst is spel.’
Hij lacht. ‘Ik breng je erheen. Signeer dit hier.’
Ik zet een speelse krul. Ik mag hem wel.

Eerst moet mijn leven worden opgeruimd.
Het staat in het contract. Ik denk aan doek
En spons en bezem en aan sop dat schuimt.
In plaats daarvan zie ik een opschrijfboek

Waarin mijn hersenpan door een notaris
Wordt leeggelepeld. Ik word punt voor punt
– Met alles wat onwaar is en ongaar is –
Door zijn archiefmachine uitgedund.

Zo komen ook bij fakirs en asceten
De eigen krachten aan de oppervlakte.
'Wat vastligt kan een mens gerust vergeten,'
Zegt hij. Ik heb zijn zegen. Waarvan akte.

Een andere heer. Hij doet het materiële.
De rekening moet worden opgemaakt.
Hij indexeert mijn goed – van luchtkastelen
Tot gouden bracelet. Dan ben ik naakt.

Mijn rekenmeester laat niets onvermeld.
Hij telt en telt. Hij lijkt wel drie man sterk.
Voor hem is ook geheugeninhoud geld.
Hij wil de bodem *en* het kruimelwerk.

Als ik becijferd ben is hij mijn vriend.
Wie heeft begrepen dat hij niet verdiende
Wat hij verdiende, en dat je onverdiend
Het meest verdient, pas zo iemand is ziende.

Dankzij het drietal zonder wie niets gaat
Kan ik op zoektocht. Nathan leidt me. Dagen
En weken lopen we. De laatste straat
Maakt plaats voor wildernis en hinderlagen.

Rechts ligt het weiland dat de dansvloer is.
Links gaapt een poel. 't Is helder op de wei.
Daar danst de torso met de beeltenis.
Ook sfinx en Bronzen Ruiter zijn er bij.

Op deze wei is mij de jeugd beloofd.
Hier zal mijn moeder me niet meer ontglippen.
'Inzicht.' – Ik zie boven Nathans hoofd
Zes wolken drijven, als zes diepvrieskippen.

Ik zoek haar overal. De dansers zijn
Goed zichtbaar in hun groene heiligdom.
Toch zie ik niet het meisje van het plein.
Ik hoor een luid gekerm. Ik draai mij om.

Het zwarte watervlak. En daar zie ik
Mijn moeder in de poel, met blinde ogen.
Een uitgestrekte arm. Heet dampt het slik.
Ze zinkt. Ze wordt steeds dieper weggezogen.

Een ijsstaaf in het kokend water. – Dit
Is niet wat Nathan had beloofd. Het zweet
Is rillerig, de gletsjers zijn verhit. –
Ze trekt mij naar zich toe, als een magneet.

Mijn lichaam schuift tegen het hare aan.
Buik tegen buik. De modder sluit rondom.
Het is een eigenaardig zwaan-kleef-aan,
Want deze zwaan is vederloos en stom.

Ik zink. Ginds knalt het vuurwerk van de wei.
Ik ben mijn leven ongestorven kwijt.
Ik ben niets dan het schaduwbeeld van mij.
Eén ware vriend had ik: de eeuwigheid.

Als laatste zie ik hoe mijn advocaat
Mij nazwaait met iets wits. Hoe ik ook tuur,
Ik onderscheid niet meer waar het om gaat:
Een zakdoek, het contract of de factuur.

ONNOZELE BALLINGSCHAP

Als taal mijn noodlot is, is mijn klein land
Mijn schikgodin. Hoe graag ik ook zou willen,
Ik kan mij, als halfslachtig emigrant,
Niet eigenhandig uit haar houdgreep tillen.

Ik moet haar wetten en gezever dulden
En wat zij heeft aan gal en hinderpalen.
Eén zegen komt mijn bittere pil vergulden:
Een taal die leeft bestaat uit vele talen.

Mijn vaderland is goddank een volière.
Er wordt gesnaterd in wel honderd tongen,
De taal van kolonel en krantenjongen,
De taal van kakmadam en stagiaire,

Een taal verweven met uitheemse accenten,
Met nieuwe beelden, andere temperamenten,
Met al de winst van verre continenten –

In Turkenhollands, Surinamevlaams –
Zo krijgt zelfs een *klein* land iets aangenaams.

Er is een land dat ik met pijn verliet,
Er is een land dat ik met pijn bewoon.
Een derde land daartussen is er niet.
Mijn leven volgt een zonderling patroon:

Want waar ik heenga voel ik me niet thuis
En waar ik thuis ben wil ik telkens weg.
De grens wordt smal tussen geluk en kruis,
Steeds minder denk ik wat ik hardop zeg.

Ik heb, om aan dit noodlot te ontkomen,
Een derde land verzonnen in mijn hoofd,
Een land vertrouwd met leugens en fantomen.

Aan diepgewortelde en zware bomen
Hangen honkvast de loden trossen ooft
Van al mijn vederlicht geworden dromen.

De stad waarin hij bleke huizen zag
En straten die in neveldampen dreven,
Waar kinkhoest heerste, jicht en huiduitslag,
Waar licht en kunstlicht leken opgeheven

En zelfs de glimworm het had opgegeven –
De stad waarin hij nooit een schaterlach
Vernam, alleen het onheilspellend beven
Van een bevroren gracht en rouwbeklag –

Die stad verkeerde in een lentedag,
Op alle daken wapperde een vlag
En in de stegen bruiste het van leven.

Met gouddraad was het morgenlicht doorweven
En nieuw was alles, als bij toverslag.
Hem had een vreemdeling een kus gegeven.

Om mij aan deze kant moed in te praten
Noem ik de andere kant de duisternis,
Een land vol achterklap en sleutelgaten,
Een land waar windstilte havenmeester is.

Het is daar grijs, beweer ik, en ik maak
Het in gedachten daar *bedroevend* grijs.
Een land van leedvermaak en onderkaak,
Van praatjes voor de vaak, maak ik me wijs.

Vandaag wil ik iets lelijkers verzinnen.
Het is daar zwart. Elk vuur is opgebrand.
Blind vallen daar de woorden uit de mond.

Ik voel mij steeds rechtvaardiger van binnen.
Zo tast ik in dit land, dat ik het land
Van wind en zon noem, in het duister rond.

Sinds ik de wereld introk met mijn ik
Werd onze sterke band verleden tijd.
Mijn ik onttrok zich stiekem aan mijn blik,
Ik was mijn ik soms zelfs volkomen kwijt.

Steeds vaker ging mijn ik alleen op stap
Op weg naar onuitsprekelijke zaken.
Er kwam een einde aan onze broederschap.
Mijn ik joeg me het schaamrood naar de kaken.

Ik had mijn ik thuis moeten laten rusten.
(Vertrek nooit met je ik naar vreemde kusten
Als je verzekerd van je ik wilt zijn.)

Een ik is blijkbaar iets als oude wijn.
Ik trok de wereld in en, zie, ik schrik:
Want als ik zonder ik ben, waar ben ik?

Elk lijden laat me plotseling ijskoud.
Onaangedaan zie ik mijn verre land
Vergaan tot craquelé en aanmaakhout.
Er woedt een majesteitelijke brand.

Ik daal en zie het vuur in vogelvlucht.
Het joelt vanuit de wouden naar de stad.
Een kerk valt om, met een verbaasde zucht.
Vergeefs houdt iemand zijn omhulsel nat.

Ik sta er bij als in een duikerklok.
De dood waart door de straat. Een glazen ruit
Halveert een kind. Mijn vaderland heeft pijn.

Waar ik geland ben, midden op een plein,
Rijst uit het bloed een kale vlaggenstok.
Pas om die stok barst ik in snikken uit.

VERPLAATSING

Ik ken een man die uit zijn stoel opstaat,
Zich kalm verheft, zich bukt en met zijn hand
Het stof bedachtzaam van zijn broekspijp slaat,
Voelt of zijn buikriem naar believen spant,

Opnieuw zijn rug strekt, door een niemandsland
Van meubelen en schemerlampen waadt,
Bij een van kruk voorziene deur belandt
Waar hij zijn kamer zonder erg verlaat –

En die, in het aangrenzende vertrek,
Waar geen gezeur of hindernis hem wacht
En alles hem doodvriendelijk toelacht,

Een ruimte, kortweg, waar hem niets bedreigt,
Een heimwee – alverterend, knettergek –
Naar de zojuist verlaten kamer krijgt.

Zoals je op het televisiebeeld
Wel eens een man ziet die, te midden van
Een samenscholing of een groep die speelt,
Je kamer inkijkt, regelrecht, om dan

Vol overgave – hij waant zich onbespied –
Een ogenblik te zwaaien – de ellende
Of het vermaak rondom hem ziet hij niet –
Zwaait hij naar huis? zwaait hij naar een bekende?

Zo zwaai ik ook naar jou in dit gedicht.
Heel even maar, tussen de regels door.
Een scherm bestaat niet, je bent heel dichtbij.

Ik zwaai. Dit is rechtstreeks tot jou gericht.
Ik voel het, glunderend van oor tot oor:
Niemand die mij gezien heeft, alleen jij.

In stilte dromen en een beetje dwepen
– Dat ze getweeën op een eiland zijn
Dat zonder vliegveld is en zonder schepen –
Soms de extase kennen, soms de pijn;

De adem van de ander voelen beven
Van verre afstand en verlangen naar
Het lichaam waar hij in had willen leven;
Totdat hij eindelijk, na zoveel jaar,

Met de beminde aan één tafel zit.
Rondom vermaakt men zich met flauwiteiten.
Hij heeft in niets meer erg, alleen in dit:

Dat hij zijn eigen lijf, van top tot teen,
Voelt smelten en vergaan, tot er alleen
Twee lippen over zijn die zich verbijten.

VERBEELDING

In spiegel, watervlak en winkelruit
Zag ik mij zelf op zekere dag niet meer.
Ik was mijn antipode kwijt, met huid
En haar, ik was een schaduwloze heer.

Dat gaf nogal een schok, wat ik je zweer.
De eerste schrik is er een beetje af,
Maar toch voel ik de leegte keer op keer
Nog als een werkelijk onverdiende straf.

Als ik mijn afgod dringend nodig heb
Strijk ik met trage hand langs mijn gezicht.
Dat onderga ik als een godsgeschenk.

Soms schrik ik wakker, in mijn bed, en denk
Dan even dat mijn beeld stil naast mij ligt.
Een loden spin in een versplinterd web.

Ik werk opnieuw de hele waslijst af:
Een scheut trekt door mijn zij, de rodehond
Vlamt op mijn wang, ik hoest net of ik blaf.
Die schram, is dat geen dodelijke wond?

Mijn knipoog wordt een tic, ik zie mijn neus
Voor tumor aan, ik voel iets in mijn mond.
Mijn ruggenwervels, zijn die al poreus?
Mijn hart – hoor, hoor. Toch ben ik kerngezond.

Ik heb wel schrammetjes op magazijn,
Maar allemaal zo onwaarschijnlijk klein –
Ze tellen niet. Ik weet, ik stel mij aan.

Toch kon mijn aandacht niet intenser zijn –
Alleen om niet te hoeven ondergaan
Die grote, die onuitgesproken pijn.

CONCENTRATIE

Ik denk aan zeven spreeuwen op een draad,
Aan zakjes thee en kolen op het vuur,
Aan natte keien in een stille straat,
Aan kindertekeningen op een muur,

Ik denk heel intensief aan mosterdzaad,
Aan riet en korenbloem in de natuur,
Aan oude brieven waar geen nieuws in staat,
Aan wijzerplaten zonder tijd of duur,

Ik denk aan spillebeen en duimelot,
Ik denk aan één stuk door aan wat bestaat
In verre hoeken of op zakformaat,

Ik heb de vodden lief, de miniatuur,
Maar als het moet denk ik een dag aan God
Om niet te hoeven denken aan mijn lot.

Vooral als ik in diepe nood verkeer
Rollen verheven woorden uit mijn mond.
Juist als de grond verdwijnt waarop ik stond
Ken ik de regels van mijn zedenleer.

Terwijl ik levenslessen produceer
Voor vrienden die bezeerd zijn en gewond
Tast ik verdwaasd in eigen inborst rond.
Zij horen enkel mijn gekwinkeleer.

Het lijkt warempel wel of ik iets weet.
Maar al de wijsheid die ik naar het schijnt
Bezit berust op een vertekening.

Ik heb aan God veel minder tijd besteed
Dan aan klimaat en girorekening.
Het snuggerst blijf ik in mijn achtereind.

Ik waad door een immense, donkerrode
Woestijn – het is meer strompelen dan stappen.
Ik voel mij een verschroeide onheilsbode.
Mijn fladderende hemd bestaat uit lappen.

Ze lijken van de purpergloed geschrokken
En zelfs mijn woorden zijn uiteengereten.
Ik ben mijn taal ontwend. Ik praat in brokken.
Kraal. Pokken. Antipoden. Exegeten.

De vlakte wordt een vloer van golfkarton.
De hitte joelt en jammert om mij heen.
Mijn ogen smelten. Aan de horizon

Zie ik dat mijn geboortedorp verschijnt –
Het frisse groen en de fabrieksschoorsteen
Die vrolijk dampt en zelfs een beetje deint.

Doden zijn overal thuis. In trossen zweven
En vliegen ze rond in anonimiteit.
Ze zijn uitbundiger dan bij hun leven.
Hun ego's en hun zorgen zijn ze kwijt.

Ze dringen door tot in de stilste buurt
En elke ballingschap lijkt opgeheven.
Ze hebben schik in iets wat eeuwig duurt.
Om drie uur is het dertien over zeven.

En omgekeerd. Ze denken geen moment
Aan goede werken. Wat ze doen is dansen.
Ze dansen in de grote wereldtent.

Ze geven om geen eer of lauwerkransen.
Het zijn bevrijde, kwijlende serpenten,
Ze dansen onze aarde aan gruzelementen.

VERSPREIDE GEDICHTEN

(1999-2003)

Hij was de pestgod, looier van huiden.
Welpen die om hem samendromden,
Woordeloos stak hij hun kroost in brand.

Zij was de non, vervuld van geluiden.
Krakende hengsels, boekvee dat gromde,
Een sonore droom van hogerhand.

Toen ze versmolten klonk in het zuiden
Nog een gedruis dat schielijk verstomde.
Enkel het blauw was niet ontmand.

DE LENTE
of
BETER ZICHT OP DE BLOESEMS

Er komen zoele geurpatronen vrij,
De blaadjes schieten gratis uit de bomen
En mei, dat rijmt op ei en honingbij,
Dus snap je dat het voorjaar is gekomen.

Verdwijnen zullen reumatiek en jicht,
Alleen nog 's nachts gaat de verwarming hoger.
Het wordt zowel in weer als weerbericht
Steeds onbewolkter, minder koel en droger.

Er moet zelfs al wat vet op het gezicht.
Dit is het jaargetijde van het lied,
De zotte tussenpoos van het gedicht.

Er is weer hoop voor alle dode dingen.
Zuig je vol lucht, loop vol, en aarzel niet
Tussen de bloesems van de herfst te zingen.

DE ZOMER
of
HET LAND ZONDER ZONDE

Grijp nu de zonnen uit de blauwe lucht
En dans de krijgsdans van de evenaar.
Jaag al je spookgedachten op de vlucht.
Sla zélf op hol. Maak ieder sprookje waar.

Stampvoet en ril – het hele repertoire.
Doe oeverloos wat wild en ongewoon is:
Verslinger je aan een geweldenaar
Of jank wanhopig om je verre Adonis.

Laat je verlangen alverterend zijn.
Er is geen grens, geen straf, geen stille wenk,
Er is alleen verdomd veel zonneschijn.

Omhels op aarde ieder creatuur
En alle elementen – maar gedenk
De blauwe winter in je spel van vuur.

DE HERFST
of
DE POËTISCHE TRUKENDOOS

De herfst is spinrag, stofnest, avondmist.
Een aangevreten boomblad dwarrelt laag
En landt op een vermolmde kerkhofkist.
Ook in het lijkenhuis hoor je geknaag.

Skeletten zitten daar, met hoge kraag,
Op eikels kauwend en op paddestoelen,
Om daarna traag, al hebben ze geen maag,
Hun herfstdiner met herfstwijn weg te spoelen.

O, herfst is hondenweer en onweersvlaag.
De dichter ziet weer al de componenten
Uit zijn gehate rekwisietenkast

– Melancholie en wateroverlast –
En hij probeert, moed vattend, nog vandaag
Tussen de roest te dromen van de lente.

DE WINTER
of
DE VERSCHRIKKELIJKE SNEEUWMAN

Ik ben inmiddels zelf een beetje winter.
Er hangen pegels aan mijn neus, mijn ogen
Zijn kolengruis en antraciet. Wie vindt er
Een tweede ijsman met zo'n koelvermogen?

Ik heb een witte kop, met muts erop.
Als knopen draag ik drie komkommerschijven
Op mijn bevroren buik. Ik ben een pop
Die elke gloeigedachte moet verdrijven.

Ik ben, als de eskimo's en de Apachen,
Een curiositeit – en om mij lachen
Kinderen en volwassenen zich krom.

Het deert me niet. Ik sta hier al een eeuw
Naar mijn gevoel. En nooit vergat ik om
Te denken aan het koren in de sneeuw.

Een stad doemt op uit zonlicht en woestijn.
Een park bevindt zich midden in die stad,
Als een omheind en heimelijk domein
Dat weer zijn eigen edelsteen bevat:

Een tempel die geen sterveling betreedt.
Daarin een altaar – achter een gordijn –
Waar, door een microscopisch kleine spleet,
Vaal licht valt op een nog geheimer schrijn.

In deze schrijn met zware sloten (zeven)
Rust weer een dichtgeplakte envelop.
Zo gaat het eeuwig door. Het aangezicht

Van het geheim lijkt een Medusakop –
Al staat er op de brief misschien geschreven:
'Zoek het niet hier, maar buiten in het licht.'

De wereld kan niet verder zonder gekken.
De gekken zijn de kurk van het bestaan.
De gekken kunnen prachtig God playbacken –
Ze dansen als een gek op de vulkaan.

Je ziet ze driftig op glad ijs jongleren,
Geblinddoekt liefst. Ze durven alles aan:
Een gek nadoen, de duivel imiteren –
Je mond blijft van verbazing openstaan.

Ze lappen alle wijsheid aan hun laars.
Ze slepen kogels aan en traliehekken.
De gekken zijn de beste huichelaars.

Van alle gekken die ik om mij zie
Ben ik het meest verzot op gekken die
Beweren niet verzot te zijn op gekken.

Als in een kuip op een beschut balkon
De oleander bloeide was je rijk.
Nu ben je in het zuiden en de zon
En daar verlang je naar plataan en eik.

Zo blijft geluk voorgoed buiten bereik.
Er helpt alleen nog heen en weer gereis,
Want waar zich alle bomen tegelijk
Bevinden, zoiets heet het paradijs –

Het land waar je een wangedrocht zou zijn.
Zodra je arriveert in dat gebied
Is er een eind gekomen aan het lied.

Wees blij. Als je de eik niet in je had
Zag je het wonder van de pijnboom niet
En zonder naalden niet het eikenblad.

Gaten gegraven, zonder op te kijken
En zonder een meelevend woord te zeggen
Om met een doodbiddersgezicht de lijken
Daar, zogenaamd voorlopig, in te leggen,

Gaten gegraven met veel dynamiet,
Met baggermolens en met reuzenschoppen,
Om daar, door geen nieuwsgierigen bespied,
Gevaarlijk vuil en afval in te stoppen,

Gaten gegraven en de wetenschap
Erin gekieperd met een reuzenklap,
Want alles moet nu zakelijk en pomo.

Die gaten allemaal weer snel gedicht
En sierlijk bijgeharkt, met een gezicht
Alsof er niets gebeurd is: ecce homo.

HOGESCHOOL VAN HET VERGETEN

Ik wilde leren hoe ik moest vergeten
En, voor ik het vergat, gaf ik mij op
Voor een vergeetles. Mijn geheugenbreedte
Diende ingekrompen tot een speldenknop.

Het denken was me veel te zwaar geworden.
Ik wilde zelfs niet meer begrijpen hoe
Ik bellenblazen moest of ganzenborden.
Oorzaak, gevolg, verband – ik was het moe.

De lessen vielen ongelooflijk mee.
De wereldwijsheid ging in vuilniszakken.
In de geschiedenis was niets geschied.

Wie schurken zijn, wie helden? Geen idee.
Verheugd begon ik er op los te hakken
En zelfs de kleur van bloed herkende ik niet.

Een rijstebrijberg ben ik doorgegaan
Van schoolse weetjes en verplichte stof,
Waar drang naar vrijheid niet was toegestaan,
Waar alles op mij viel en niets mij trof –

Tot ik belandde in een open veld,
Ver van de regels en de kouwe drukte,
Waar mij een pauw van wijsheid heeft verteld
En ik de kennis van de bomen plukte.

Ik had voor nutteloosheid alle tijd
En trof daar goud aan als ik kiezels zocht.
Die wereld heette universiteit –

Een wereld die nu, hoor je wel beweren,
Aan wolf en snelheidsduivel wordt verkocht –
Alsof je bankpapier op brood kunt smeren.

KLASSIEKE VERZUCHTING

Als ik moet huilen neem ik wel een ui.
Ik lach me ziek. Dat doe ik alle dagen.
Maar soms bevangt me een dichterlijke bui
En tot mijn schrik begin ik dan te klagen.

Ik tel mijn zegeningen waar ik wandel
En telkens moet ik bij de nul al stoppen.
We leven in een roes van tulpenhandel
En klatergoud en lege eierdoppen.

De hele maatschappij is naar de knoppen.
De engelen van vroeger zijn fraudeurs.
Het kind is naar zijn ouders aan het schoppen.

De vrouw ziet neer op vaat en naaimachine.
Studenten speculeren op de beurs.
Ik moet de kost met poëzie verdienen.

Ik wil dat hier een waldhoornblazer meedoet
En dat rondom elk uurwerk explodeert.
Dat zorgt alvast voor tijdloosheid en weemoed.
Die 'ik' aan het begin loopt ook gesmeerd.

Ik wil niets weten van een compromis.
Er waait een wolk van poeier door mijn lied
Van duizend pond – als dát geen raadsel is
Om over na te denken heet ik Piet.

Voorts hoef ik er alleen nog voor te waken
Dat het geen lente of herfst is. Dat moet lukken.
En om er vrije verzen van te maken –
Pak zelf een schaar en knip mijn vers in stukken.

Er zweeft, zo gaat het oeroude verhaal,
Buiten ons om iets van een paradijs.
Het is daar warm. En kalm. En ideaal.
Een wonder telt daar meer dan een bewijs.

'We kunnen voor dat land helaas niet kiezen,
We hebben het te druk met onze baan.'
Mischien maar goed. Wie weet zou je bevriezen
Als je er oog in oog mee kwam te staan.

Het *blijft* een land van dromen en gevaar.
De dichter is er altijd naar op zoek.
Hij wil het graag in woorden vangen, maar
Hij ziet het net verdwijnen om de hoek.

De palen staan er wachtend bij.
Hun dagen zijn met wind gevuld
En met gefluister. Zij aan zij.
De palen hebben veel geduld.

De wereld is niet goed gebouwd.
Ze wachten kalm het einde af.
De wereld wordt behoorlijk koud
En is voor driekwart al een graf.

De laatste mens verliest terrein.
De palen is het om het even
Of ze straks kruisen zullen zijn
Of bomen uit een eerder leven.

Ik weet niet wat mijn taal bijzonder maakt.
Het zijn de kleinigheden, de nuance,
De woorden waar je zomaar, onbewaakt,
Een zin mee maakt, terwijl de klinkers dansen.

Het is het nonchalante wapenfeit,
Betekenis die uit de chaos groeit,
Het is de maat, de muzikaliteit,
De mengelmoes, terwijl je toch niet knoeit.

Ik was het in een droom een keertje kwijt.
Wel sprak ik in een menigte van talen,
Maar toch, mijn moedertaal was er niet bij.

Er hingen zware mistbanken om mij.
Mijn woorden waren lege noodsignalen.
De wereld was met sintels geplaveid.

Als ik jou van mijn liefde zou vertellen
Zou ik je, vrees ik, helemaal verliezen.
Ik moet mij met haast niets tevreden stellen
Of je ontberen – er valt niet te kiezen.

Ik voel – als ik een blik op je mag werpen –
Geen vlinders in mijn buik maar haaientanden
En tor en wesp en kever doen een scherpe,
Massieve aanval op mijn ingewanden.

Ik voel de darmen in mijn lijf wegbranden.
Ik voel mijn lichaam duizelen en draaien.
Ik tol – en sta compleet in lichterlaaie.

Toch kan ik je niets zeggen, want één woord
En al jouw achting voor me is vermoord.
Ik gluur maar naar je hals en naar je handen.

UTRECHTSESTRAAT, ZEBRAPAD

Ik stond voor Oosterling. Toen zag ik daar
Jou aan de overkant. Je kijkt, je wacht.
Het is ons eerste weerzien na een jaar –
Je bent precies zoals ik had gedacht.

Een zwartgelokte faun op het trottoir.
Een auto remt. Het stoplicht springt op rood.
We vrezen geen seconde het gevaar
En sprinten. We zijn sterker dan de dood.

De straat verandert als bij toverslag.
Er vliegen stalen platen in het rond.
Een vuurbal zet de stad in lichterlaaie.

Rondom begint het grandioos te waaien.
Ik lig al honderd jaren in de grond
En nog staat op mijn hersenpan de lach.

Het is een sport om driftig met de vinger
Te wijzen naar de goeden en de kwaden.
Je houdt het liever bij de binnendringer
Die in jezelf verlangt naar euveldaden.

Twee zielen huizen in je en ze heten
Je meestal-kwade en soms-betere ik.
Je hoort ze altijd. In je woedt hun vete.
Straks klopt de slager weer. Vrees je zijn tik?

De vrede om je is maar schijn van vrede.
Je eerste ik voert oorlog met je tweede,
Je wordt zó weer de ander die je bent.

Zolang je je gehate ik maar kent
En in de gaten houdt ben je niet bang.
Elk uur van lauwheid is een uur te lang.

Er schijnt iets aan de hand in Bredevoort.
Van vader moet ik mee. Ik pak mijn fiets.
Het is nog een flink eind. Hij kijkt verstoord
Als ik hem, hijgend, uitvraag. 'Er is niets.'

Er was die avond alles. Door een gracht
Voer, staande in een gondel, Parsifal.
Geen dag sindsdien dat ik niet aan hem dacht.
- 'Het groen, de engel en het tranendal.'

Nog steeds als ik daar ben – het is een oord
Van spinnenwebben nu en oude boeken –
Besef ik dat ik hijgend loop te zoeken

Naar het verbazingwekkendste van al,
Het boek dat eigenlijk aan mij behoort
En dat ik ken en toch nooit krijgen zal.

Het fabeldier dat leeft in mijn gedachten
Is een poliep met vliegwiel en op stelten
Dat dol is op bedriegen en verkrachten
En liefst vakantie viert op vuilnisbelten.

Hij stinkt van Almelo tot Arnemuiden.
Zijn lip hangt scheef. Het ettert uit zijn zak.
Hij heeft een hekel aan de fijne luiden.
En aan de kleine man. Ook die heeft kak.

Het is een beest met parelmoeren schubben
Dat scharen draagt, tentakels en daarbij
Een harnas van oud roest, een koekoeksjong

Dat iedere passant zou willen lubben
Met messen, scherper dan een mensentong,
En dat zich enkel aaien laat door mij.

METAMORFOSE

(2002)

bij het *Requiem* van Nicolò Jommelli (1714-1774)

PANIEK

Met grote ogen kijk ik naar de baar
Waarop hij roerloos ligt. Het is verdacht.
Zou hij zo weer bewegen, even maar?
Zou hij een arm optillen, onverwacht?
Als ik maar lang blijf staren gaat vanzelf
Zijn mond weer open. – Ik moest beter weten.
Ik was een pienter jongetje, al elf.
Ik had een hond van een karkas zien eten
En ook het vlees op tafel had geleefd.
Men zei: ‘Er is een kracht die neemt en geeft’ –
Maar gold dat spreekwoord ook voor allemaal?
Ik aarzelde. De dood is een schandaal.

Mijn kennis groeide. Ik bleef maar heel kort elf.
De wereld werd van steen tot stergewelf
Verkend, en telkens als ik meende dat
Ik een geschikter spreuk gevonden had,
Een vreesaanjagender, voelde ik mij trots
En voegde ik die bij het reservoir
– De broeder van de slaap, de vinger Gods –
Van al de wijsheid die straks bij elkaar
De dood zou temmen. Ferm. Eens en voor al.
Nog jaren zou ik trappen in die val
Van schijnmassage en goochelaarsverdriet.
De enige formule kende ik niet.

De enige formule was muziek.
Ik hoorde ze op een avond uit een raam,
Alsof het echode uit een basiliek,
Alsof ik werd geroepen bij mijn naam –
De klanken van Jommelli's requiem.
En ogenblikkelijk dacht ik aan hem
Die ik als kind zag liggen op de baar –
Mijn broer, met kale plekken in het haar
En bruine vlekken op zijn jongensborst.
Krijtbleke botten staken door de korst.
Er vielen holtes in zijn aangezicht.
Ik stond te luisteren en hij groeide dicht.

Er lag een gave jongen op de baar.
Het koor tilde zijn lichte lijf omhoog
En salamanders schoten uit zijn haar:
Vuurwerk van klanken, als een ereboog.
Dat aan zijn lichaam niets, nee niets bewoog
Bracht me nu voor het eerst niet in paniek.
Voor hem was oorlog, onmin, onvermogen
Hetzelfde als vrede, liefde en muziek –
Ineens kan ik de roerloosheid verdragen:
Door een verliefde dood, met baljurk aan
En bolle wangen, wordt de maat geslagen.
Volmaakt is het verval. De klok blijft staan.

LELIËN

(2003)

ALTAAR

Het land bezocht ik en daarin
Zag ik de tuin waar middenin
De tempel stond. Die ging ik binnen.
In welke zaal moest ik beginnen?

Het was als stukslaan, schaal na schaal.
Nog jaren duurde het tot de dag
Dat ik in de verborgen zaal
De lelie op de tafel zag.

Ik voel hoe mij de zwarte aarde
Omhoogstoot, weg van blad en mos,
Hoe ik van al wat mij bezwaarde
Bevrijd raak en in niets oplos.

De dood ben ik, de blindeman,
En niemand kan vertellen van
Het paradijs waarin ik leef
En in een vlucht van lelies zweef.

WERELDWONDER

Schoonschijnend, maar vol rottenis,
Een wezen dat zich graag vermomt
En toch altijd hetzelfde is,
Dat bij het minste onraad gromt

En naar de zeis grijpt, als het niet
Eerst zelf bezwijkt aan het geweld.
Het heeft geen oog voor zijn failliet:
De mensheid, lelie van het veld.

PLUK

Ik zoek de bloem van mijn jeugd,
De witte en de schuldeloze,
De bloem van de wilde vreugde –
Van de engel, niet van het boze.

De bloemen die ik beminde,
Ik zoek ze in het goud en het slijk
En ik weet dat ik ze zal vinden –
Eens in het dodenrijk.

SCHRIK

Het was zomaar een wandeling.
Ik dacht eerst aan een oude prent,
Toen aan een geur. Toen aan een ding
Dat op een bloem leek, onbekend.

Fantomen, ijl als het gezoem –
Totdat ik op een doodstil pad
Het spiegelbeeld zag van de bloem
Die ik in mijn gedachten had.

RIJP

Nog niet verlept en niet meer op
Het toppunt, net de bloei voorbij,
De tere hals hangt in de strop,
Het zomert en het is nog mei –

Niet lang meer jong, nog lang niet oud,
De worm zit in de goudrenet –
Wend af je blik nu. Het wordt koud.
Dit is de schoonheid die ontzet.

Niets gaat bergaf, niets gaat bergop.
Al lijkt de wereld doodverklaard
Of op de allerhoogste top,
Ze bijt toch in haar eigen staart.

Het nieuwe was weleer vergrijsd,
Een ander wordt wat ik nu ben
En wat het zwaard ombracht verrijst
Weer door de lelie en de pen.

TUNNEL

Het licht gaat uit. Heel onverwacht.
De zoetheid van het beeld verdwijnt,
De heerschappij is aan de nacht.
Dit lijkt verdacht veel op het eind.

Ze grijpen me. En gang na gang
Wordt afgelegd. Dan sta ik voor
Een rechter. Licht. Ik ben niet bang.
Hij draagt een lelie achter het oor.

GEPAARD EN ONGEPAARD

(2003)

TABLEAU

Soms liggen ze in groepjes op het strand.
De een is dun, de ander is gezet.
De een is glad, de andere getand.
Ook ligt er een bij met een bajonet.

Er zijn een platte en een holle bij,
Een clubje zonder duidelijk verband,
Ze liggen op hun rug of half opzij,
Ze koesteren dezelfde binnenbrand.

ZONDER VERWEER

De schelp die niet beweegt en nauwgezet
De stilte respecteert – bedeesd en smal –
Die leeft als in een prentenkabinet,
Een spel van gave lijnen, een heelal,

Die niemand kwetst en zonder iets gemeens
– Hij toont de wereld eerlijk zijn skelet –
Een lamme goedzak die misschien niet eens
Geheimen *heeft* wordt met een hak verplet.

Hij is gehavend. Na een zwerftocht van
Wel duizend levens is hij aangespoeld.
Zijn holte herbergt ieder stratenplan
En alle grond is door hem omgewoeld.

Hij is een bron van beelden en muziek,
De woorden tollen door zijn hersenpan.
Als ik hem aankijk raak ik in paniek.
Wie ben jij, schelp? Waar ken ik je toch van?

Die schelp, die ene. Waarom heb ik hem
Niet opgeraapt, als jongen? Ik vermoed
Dat mijn geboorte-engel me met klem
Heeft weggeduwd, zo hevig was de gloed

Van deze schelp. Had ik geluisterd naar
Het ruisen van zijn innerlijke stem,
Ik was een kind geweest van duizend jaar,
Een roze, kraaiende Methusalem.

Mijn vriend vindt me verkrampt. Zijn stil verwijt
En medelijden voel ik in hem branden.
Hij wil dat ik me zelf eens opensplijt.
(Hij maakt een splijtgebaar met beide handen.)

Vooruit dan maar. Als ik hem daarmee help
Wil ik me wel bevrijden van mijn banden.
Ik gooi er alles uit, zoals een schelp
Zijn hart, de nieren en de ingewanden.

De schelp, mijn zeilschip. Rechtop sta ik, fier.
Ik vaar langs vergezichten en terreinen
Waar vuurwerk is en kermis en vertier
En waar de zon volop haar gloed laat schijnen.

Ik ben het boegbeeld en de passagier.
Ook vaar ik langs de lang vergeten graven
In grauwe mist. Er roert zich zelfs geen gier.
Wel is er tot mijn spijt een aanleghaven.

Ik leef met mijn eigen geheim
En verberg mijn verdriet en grimas
In een weefsel van klank en rijm,
Zoals ik leef in een schelp van glas.

Ik wacht op de liefde en ik droom
Van geluk en lichtvoetigheid later,
In een wereld vredig en loom,
Zoals een schelp wacht op het water.

ZEEPAARDJE

Hij wil wel praten maar begrijpt niet hoe.
Hij weet van zilverschatten, zeegevechten
En havensteden, maar zijn mond is toe.
Zijn weggeraakte wereld is de echte.

Hij wil wel praten maar hij is het moe.
Er borrelde al zoveel uit hem op
Toen zeeën weiden waren en de koe
Op water liep. Hij droomt van zijn galop.

KRAB

Laat me je rug zien. Kom niet dichterbij.
Maak rechtsomkeert. Vooruit, verdwijn uit zicht.
Ik wil dat jij je niet bemoeit met mij.
Raak me niet aan. Ontzie mijn evenwicht.

Ik wil dat jij me helemaal niet kent,
Dat ik uit jouw geheugen word gelicht.
Ik ben mijn eigen luide instrument.
Ik hoor mijn eigen stilte aan, potdicht.

Mijn zucht raakt tussen de hoeveelheid zuchten
Verdwaald – de hele wereld luistert mee.
Ik kan niet voor mijn lotgenoten vluchten.
Eén vijand dood ik – en ik krijg er twee.

Ik leef hier op een slagveld zonder bloed
En heb, verdomd, voortdurend het idee
Dat ik mij in een spiegelzaal zelf groet –
Lag ik maar met een vriend alleen aan zee.

SMEEKBEDE

Sta stil en zie mij liggen, wandelaar.
Een eeuwigheid en langer lig ik zo.
Ik lever mij hier uit, met huid en haar.
Ik stel mij bloot, met hart en libido.

Buk je gerust wat dieper. Streel me maar.
Dit is mijn vel. Vergeet de binnenkant.
Wie afdaalt in mijn slakkenhuis vindt daar
Niets dan de blauwdruk van een niemandsland.

Er stegen wondere klanken uit zijn hoorn.
Nooit was er iemand om ze op te vangen.
Het waren de geluiden van de toorn,
De klanken van de koorts. Het was verlangen.

Verwaaide, radeloze jubelzangen.
Ooit zullen ze een waardiger planeet
Bereiken waar ze in de dampkring hangen
Als notenbalken waarvan ieder weet.

IK, HET BOEK
(2003)

Een levensverhaal

de schrijver

Wie mij gebaard heeft denkt niet meer aan mij.
Ik denk aan hem. Hij gooide me in het diepe.
Hij hield van me. Ineens was ik kopij –
Een ding van band, papier en lettertype.

Hij gaf mij inhoud mee. Hij liet me zingen,
Al deed hij me vervolgens in de ban.
Vergeef me – prenatale herinneringen
Verbinden mij nog met zijn hersenpan.

Het was daarboven een bezopen feest
Van opgedolven en verworpen zinnen,
Een strijd – ik was er bijna niet geweest.

Ik zie hem telkens weer opnieuw beginnen.
Ook glijdt te midden van zijn schrijfgerei
De schim van menig ander boek voorbij.

de uitgever

Mijn schepper legde mij te vondeling.
Ik weet nog dat ik op een vloermat lag –
Een weeskind, smekend om een lezerskring.
Gelukkig dat een redacteur mij zag.

Hij las mijn titel en had al plezier.
Hij nam me lachend mee naar een kantoor en
Vergat me weer. Daar lag nog meer papier.
Ik maak geen kans, dacht ik. Ik ben verloren.

Na maanden werd ik aan een heer getoond –
De koning blijkbaar, zij het ongekroond.
Hij bladerde. Hij voelde hoe dik ik was.

Ik zie nog duidelijk zijn vlinderdas.
Hij fronste en keek de koffiejuffrouw na.
Hij knikte nee en toch knikte hij ja.

de grafisch vormgever

Er kwam een slimme dame aan te pas,
Een kleermaakster – ze zou mijn schamelheid
Bedekken met een modieuze jas.
Ik moest mijn rommelige oorsprong kwijt.

Ze kloonde mij en goot me in een mal.
Ik bleef zo ongeveer wel wie ik was,
Maar toch veranderde ik geheel en al.
Ze deed mijn inhoud in haar eigen glas.

Ik voelde hoe ik andermaal ontstond.
Mijn lettermassa werd, per centimeter,
Door haar gefatsoeneerd, met kop en kont.

Zij enkel stelde vast hoe ik voortaan
Eruit zou zien, al weet ik zelf niet beter
Of ik heb altijd in die vorm bestaan.

de drukker

Een eenling bleef ik, met de hand gemaakt –
Ik werd ook zelf een ongeduldig ding
En haakte naar waar ieder boek naar haakt,
De dag van de vermenigvuldiging.

De drukker speelt de rol van goochelaar.
Hij pakt een tekst, hij tekent voor akkoord,
En nog dezelfde dag brengt hij een schaar
Aan identieke exemplaren voort.

Wanneer de drukker ons, als zwaan-kleef-aan,
Zijn zwarte goocheltruc heeft voorgedaan,
Dan pas krijgt de bevalling haar beslag –

De vlag in top en alle remmen los.
Zo ook verging het mij die ene dag –
De uitverkoren druif werd druiventros.

de boekverkoper

Ik lag een tijdje in het paradijs –
De eerste dag vooraan, op de eerste rij,
Met al mijn tweede ik´s, stapelgewijs,
en slanke, vreemde handen streelden mij.

Ik leefde in de hoop begeerd te zijn.
Ik keek – mijn alter ego´s keken mee –
De klanten na, onmogelijk blasé,
Maar elke toegedraaide rug deed pijn.

Ik lag tentoongesteld in een paleis
Als kroonjuweel – er was nog veel verschil
Tussen de inkoopprijs en verkoopprijs,

Geen laster of recensie was op til.
Ik lag daar, leek het wel, een eeuwigheid,
Al duurde het kort – het was mijn mooiste tijd.

de recensent

Er is een heer die over boeken gaat,
Een knechtje met het air van potentaat –
Twee vaten heeft meneer op magazijn,
Een vaatje wierook en een vat azijn.

Ja, er bestaat een boekenvreter die
Zich volvreet en vervolgens lucht geeft aan
Zijn windophoping en antipathie –
Een kruising tussen paus en baviaan.

Hij ruikt naar kamfer en bedorven wijn.
Zijn hart is groot, zijn ziel is engelrein.
Hij is een mandarijn die het paleis

In een gevangenis veranderen kan.
Zijn jas is mottig en zijn haar is grijs.
Hij is bijziend. Meer zeg ik er niet van.

de antiquaar

Geen boek zinkt ooit geheel in het moeras.
´t Ontpopt zich als een curiositeit
Of als object, voor mensen goed bij kas.
Soms blijk het ook te groeien met de tijd.

Wie mij gemaakt heeft leeft in mij, postuum.
Steeds minder vaak kom ik mezelf nog tegen.
Laatst nog een keer – ik had een duur kostuum
Van kalfsleer met een zijden lint gekregen.

Mijn schaarsheid en mijn prijs vertellen mij
Wat mij de brave tijdgenoot onthield:
Ik ben de mensenkinderen de baas.

Al wordt een hele boekerij vernield
Door de barbaren, het biedt geen soelaas –
Nooit is de laatste mijnsgelijke er bij.

het boek

Geknakt ben ik, mijn jas is aangevreten,
Bevingerd werd ik als de goorste slet,
Ik hield de windvlaag tegen in de spleten
En ging met jan en alleman naar bed –

Ik was het materiaal voor exegeten,
Het receptakel van gebed en wet,
Gesel en zachte zalf voor het geweten,
De keizerzetel van het alfabet –

Dit alles ben ik en toch wou ik graag
Nog één keer groentje zijn, een ijdel blaag,
En dan de hand die – wat ik had gehoopt –

Mij van de stapel optilt en mij koopt,
En dan de jongenshand of meisjeshand
Die in mij bladert, bevend, zonverbrand –

DE HARDE KERN
(2003)

Oncyclische cyclus

Geen mythe of wildwestverhaal
is het wat ik ditmaal opschrijf.
Ik klauter uit een krater, kaal –
de zon brandt op mijn dunne lijf.

Ik roep een zin. Het klinkt te schraal
in het omringende gewelf –
ik heb geen schim of filiaal –
ik ben vandaag alleen me zelf.

Ik kan mij niet beroepen op
een stand-in of een stijlfiguur,
een schuilnaam of een ledenpop.
Er is geen spoor van literatuur.

Ik hoor een lach – in duizendvoud –
laaiende als een wervelstorm.
Iemand wordt hier uitgejouwd.
De lach geldt mij – de vale worm.

Een botte lach – ik krimp ineen,
zover een worm nog krimpen kan.
Ik ben de ultieme brekebeen
en de risee van alleman.

Over de aarde kruip ik tot
ik, mengelmoes van pus en korst –
de antithese van een god –
koud water voel tegen mijn borst.

Een bron – oase en genot.
Voor luchtgeesten was ik bevreesd –
er was geen hitte en geen spot –
er is zelfs niet een lach geweest.

Na blizzard rust, na vagevuur
de beek. Ik drink met gulzigheid,
ik zwel. Dan neem ik het postuur
aan van een mens. Ik ben bereid.

Ik bind de strijd aan met de hel.
Ik heb geen bondgenoot, ik ken
op deze tocht geen metgezel –
ik ben de stumper die ik ben.

Ik moet nog langs het scheerdersvolk.
Nooit neemt men dit volk zonder schaar
of katapult of mes of dolk
of boemerang of knuppel waar.

Het knipt, het smijt, het steekt, het slaat –
het slaat naar mij, het mikt op mij,
het is alleen maar uit op kwaad.
Roos ben ik, dukdalf, vogelvrij –

Het prikt zich zat, het knipt zich dol –
hoe het ook mitrailleert of stoot,
hun pijlen slaan verdwaasd op hol –
het lemmet ketst – ik kan niet dood.

DIENSTTIJD

In de vallei van zonden staat
een leger geilaards met condoom,
braadpan en hemelbed paraat –
er zweven rondom wolkjes room,

met lokaas is de lucht gevuld –
men werpt mij vette kussen toe.
Alles is uitstulpsel en bult,
men zwelt en wordt niet zwellensmoe.

Men houdt mij rijen lakens voor
die vochtig zijn en geuren naar
verspilling, moeite, kruisverhoor.
Het zegt me niets. Het treft geen snaar.

Lakens, het woord was ooit genoeg.
Schermutseling achter de rug,
veroveringen voor de boeg –
de slaap niets dan een ophaalbrug –

respijt voor een miniem moment –
dan weer het wilde watervlak,
golvende lakens, virulent –
een stadsplan zonder cul-de-sac.

Wat zo waarachtig was, verdomme,
een bloedend spel, een glanzend ding,
een kroonjuweel, is nu een stomme,
nietszeggende herinnering.

Ik had ze beet. Ik zegevier.
IJsbloemen staan me extra goed.
Mijn apathie doet me plezier –
of dat er ook maar iets toe doet.

Wie maar één enkel ik bezit
laat leugens varen. Wees gegroet,
mijn stervenskamer, pas gewit.
Dit vraagt geen greintje heldenmoed.

De horizon verorbert bos
en wil zonsondergangig zijn –
dan laat ook hij de dichtkunst los,
waarna ik wegsmelt in zijn lijn.

Als ik uitstap uit het gedicht
ben ik af van een waanidee –
dan heb ik maar één gezicht –
dan vervalt het craquelé –

ik gooi de maskers, het lak,
de schuilnaam, de toverbal,
in een harige aardappelzak
en de zak gooi ik in het heelal –

een dwaalster die ik niet ken.
De brand in het labyrint –
kraaiende ontkom ik, ik ren –
ik ben een volslagen kind.

Ik voel me opgestaan en nieuw.
Ik heb geen nek, geen vuist, geen knie –
ik heb een vin – ik heb een kieuw –
ik heb geen weet van poëzie.

Ik kan verlokkingen weerstaan,
mijn eigen taal klinkt als Sanskriet.
Soms kijk ik oude vrienden aan –
wie zijn ze? Ik herken ze niet.

Ik hoef geen ogenblik te jokken,
geen feit te veinzen. Weet ik wel
dat ook het afscheid van het spel
deel van het spel is? Krijg de pokken.

Ik ben van alle rompslomp af –
woord en weerwoord, schouwtoneel,
ironie – ze zijn een straf.
Tweepersoons was al te veel.

Ik wil als full-time idioot
hokken in het luchtkasteel
dat leven heet en langer dood.
Bungelen wil ik op een steel.

Ik leef eeuwen en nadien
ben ik – foetus zonder vlies –
in een sterkwaterfles te zien.
Naakt, zonder gezichtsverlies.

VROEGE GEDICHTEN *7*

Eerder afgedrukt in *Het schip De Wanhoop* (1979) en *Alles onecht* (1984), onder de afdelingen *Gedichten gevonden in een map, gedateerd 1964* en *Vroege gedichten*. Het gedicht *Jong* is afkomstig uit *Dekonstruktie in vier delen* (1960). *Architectuur 1, 2, 3, 4* en *Lijm* zijn uit *Kaas & Brood* (1964). *Steekproef* verschijnt hier voor het eerst.

MAAGDENBURGSE HALVE BOLLEN EN ANDERE GEDICHTEN (1968) *27*

Eerste druk: Uitgeverij De Arbeiderspers, Amsterdam, 1968. De eerste oplage 'was verkeerd afgesneden en is herkenbaar aan het feit dat het omslag aan de onderzijde geen wit bevat; deze oplage werd door een nieuwe vervangen (met witte onderzijde) en deze laatste is als eerste in de handel gebracht. Hoewel het de bedoeling was dat de verkeerd afgesneden oplage vernietigd zou worden, is dat niet gebeurd; zonder enige vermelding van het feit dat het een andere, eerder afgekeurde oplage betrof, is ze–na uitverkoop van de verbeterde versie–gewoon als gedeelte van de eerste druk op de markt gebracht.' (Renate de Jong: *Bibliografie van Gerrit Komrij*, in *Bzzlletin*, 8e jrg., nr. 75, april 1980). Tweede druk in *Het schip De Wanhoop* (1979).

ALLE VLEES IS ALS GRAS OF HET KNEKELHUIS OP DE DODENAKKER (1969) *65*

Eerste druk: Meulenhoff, Amsterdam, 1969. Tweede druk 1978. In 1981 een derde druk, samen met de bundel *Ik heb Goddank twee goede longen*, onder de titel: *Alle vlees is als gras/Ik heb goddank twee goede longen*. Deze derde druk 'voegde beide bundels bijeen tot een nieuw geheel: waar nodig werden gedichten geschrapt of gewijzigd en andere, uit dezelfde periode stammend, toegevoegd. Ook is de volgorde een andere geworden en, niet te vergeten, degene die dit alles schreef. Het is nu of hij "gedichten" van een vreemde leest, uit een ver werelddeel. Schrijf ze, lezer, aan die vreemdeling toe.' (Uit het colofon). De vierde druk (1993) is een herdruk van de derde. Voor deze uitgave zijn de afzonderlijke bundels weer grotendeels hersteld.

In 2003 verscheen bij Meulenhoff een herdruk van de vierde druk, met een nawoord door Onno Blom.

Eerste druk: Meulenhoff, Amsterdam, 1971. Tweede druk 1978. In 1981 een derde druk, samen met de bundel *Alle vlees is als gras of Het knekelhuis op de dodenakker*, onder de titel: *Alle vlees is als gras / Ik heb goddank twee goede longen.* Zie verder de verantwoording bij *Alle vlees is als gras.*

TUTTI-FRUTTI (1972) *145*

Eerste druk: Uitgeverij De Arbeiderspers, Amsterdam, 1972. 'Deze bundel zou aanvankelijk een herdruk zijn van het in 1968 verschenen Maagdenburgse halve bollen en andere gedichten. Maar, zoals dat gaat, er bleven maar vier gedichten over voor zo'n herdruk... Opnieuw werden dus ten gerieve van u enkele aardigheidjes gecomponeerd... alsof het niet op kan, aan het eind ook nog een mopje proza... getiteld "Een nogal hoerig manifest".' (Uit de inleiding). Tweede druk in *Het schip De Wanhoop* (1979).

OP DE PLANKEN. BURLESKE (1973) *163*

Eerste druk: C.J. Aarts, Amsterdam, 1973–met als ondertitel: *Episodes uit het leven van de tragédienne Zizi Maelstrom en de toneelkunstenaar Sacha Culpepper*–in een oplage van 65 exemplaren. Tweede, uitgebreide druk 1978. Ook de vier gedichten die in *Tutti-Frutti* onder de titel *Uit het leven ener tragédienne* voorkwamen werden aan deze editie toegevoegd.

KOMRIJ'S PATENTWEKKER (1974) *193*

Eerste druk: C.J. Aarts, Amsterdam, 1974, in een oplage van 100 exemplaren. Tweede druk 1982.

Eerste druk: Uitgeverij De Arbeiderspers, Amsterdam, 1975. Het gedicht *Lampionnen en guirlandes* uit *Ik heb goddank twee goede longen* werd aan de afdeling *De stenen van Venetië* toegevoegd. Grotendeels herdrukt in *Alles onecht* (1984).

DE VERSCHRIKKING (1977) *235*

Eerste druk: Uitgeverij De Arbeiderspers, Amsterdam, 1977. In samenwerking met Jan Bernard Meinen (collages). Tweede druk (zonder de collages) in *Het schip De Wanhoop* (1979).

SING SING (1978) *257*

Eerste druk: Salix Alba, Utrecht, 1978. In een oplage van 80 exemplaren. Tweede druk in *Het schip De Wanhoop* (1979).

Eerste druk: Sub Signo Libelli [Ger Kleis], 1978. In een oplage van 75 exemplaren. Tweede druk in *Het schip De Wanhoop* (1979).

Eerste druk: De Roofpers, Raamsdonk, 1980. In een oplage van 15 exemplaren. Tweede druk in *Gesloten circuit*. Derde druk in *Alles onecht*.

DE OS OP DE KLOKKETOREN (1981) *289*

Eerste druk: Uitgeverij De Arbeiderspers, Amsterdam, 1981. In samenwerking met Joost Veerkamp (boekverzorging en illustraties). Tweede druk in *Alles onecht* (zonder de illustraties).

GESLOTEN CIRCUIT (1982) *311*

Eerste druk: Uitgeverij De Arbeiderspers, Amsterdam, 1982. De reeks *De monumenten* is oorspronkelijk geschreven bij een serie prenten van Leo Hofman (1979). Tweede druk in *Alles onecht.*

Eerste druk: Binderij Phoenix / Phoenix Editions, Amsterdam, 1982. In een oplage van 125 exemplaren. Herdrukt in *Alles onecht*.

Deze gedichten komen uit de gelijknamige afdelingen in de bloemlezingen *Het schip De Wanhoop. Gedichten 1964-1979* (De Arbeiderspers, 1979) en *Alles onecht. Keuze uit de gedichten* (De Arbeiderspers, 1984).

In *Het schip De Wanhoop. Gedichten 1964-1979* (1979) werden de in 1979 niet meer verkrijgbare bundels *Maagdenburgse halve bollen en andere gedichten, Tutti-frutti* en *De Verschrikking* herdrukt. Bovendien de in bibliofiele drukken verschenen bundels *Sing Sing* en *Capriccio*. Er stond een afdeling *Gedichten gevonden in een map, gedateerd 1964* (juvenilia) in en een afdeling *Verspreide gedichten*.

Alles onecht. Keuze uit de gedichten (1984) was een bloemlezing uit alle tot 1984 verschenen bundels, met daaraan toegevoegd de gedichten uit de bibliofiele uitgaven *Capriccio, Peper en zout* en *De Phoenix spreekt*, alsmede de afdelingen *Vroege gedichten* en *Verspreide gedichten*. Er was een inleiding bij en het geheel werd afgesloten door *Eureka!* Efemeriden over poëzie (prozateksten).

Een aantal *Verspreide gedichten* verscheen eerder in de bundel *Alle vlees is als gras/Ik heb goddank twee goede longen* en in de afdeling *Cyclus zonder naam* uit *Gesloten circuit*.

Het gedicht *Aan mijn navolgers* dateert uit 1970. *Scripta Manent, maar niet altijd* verscheen als koppermaandaguitgave 1978 bij Salix Alba, Utrecht, onder de titel *Waarin de trein een nieuw jaar tegemoetsnelt, of: Scripta Manent, maar niet altijd*, in een oplage van 100 exemplaren. *De jongste dag* verscheen oorspronkelijk als handgeschreven gedicht bij tien exemplaren van *Tutti-frutti*. *De ontmoeting* verscheen eerder als plaquette bij J. Meijer (1978), in een oplage van 25 exemplaren. *De hiëroglyfen* werd geschreven bij een aquarel van Peter Vos. *Het is steeds eender wat ik zoek:...* werd in handschrift toegevoegd aan de negen luxe-exemplaren van *De bibliofiel* (Bébert, Rotterdam, 1980) en verscheen later in de roofdruk *Over & weer* [Kwatrijnen van Gerrit Komrij en Boudewijn Büch], 1992, oplage 19 exemplaren. Een variant van *Zonder mysterie* werd onder de titel *Badkamer* in 1984 door Pierre Roth gedrukt, in één exemplaar.

Van de seconde die een eeuw wil zijn verscheen bij Sub Signo Libelli, 1982, in 9 exemplaren. *Ik kan mij niet bevrijden uit die ruimte...* verscheen onder de titel *Nieuwjaarsdag* in *Aarts' letterkundige almanak*, Amsterdam, 1981. *Praagse mist* werd in handschrift toegevoegd aan de twintig luxe-exemplaren van *Praag* (Bébert, Rotterdam, 1983). *Angst* dwarrelde onder de titel *Schrijfrecept* neer op het Boekenbal 1984. *De vampier en de grafdelver* verscheen in 1984 bij Antiquariaat Willem Huijer, Amsterdam, in een oplage van 100 exemplaren.

Eerste druk: Stichting Koninklijk Paleis/Vrij Nederland, Amsterdam, 1987. Geschreven ter gelegenheid van de officiële opening van 'Amsterdam Culturele Hoofdstad van Europa 1987'. In de boekuitgave ook de vertaling in de overige acht talen van de Europese Gemeenschap.

VARIÉTÉ *393*

De *Unvollendete* is afkomstig uit *Verwoest Arcadië* (1980), de *Villanelle* uit *Verzonken boeken* (1986) en *Modern gedicht* uit *Met het bloed dat drukinkt heet* (1991).

Banaal alfabet verscheen eerder bij *Tight End Press* (Den Haag, 1983) in een oplage van 15 exemplaren, en in *Dit helse moeras* (1983). *De binnenring van Holland* is afkomstig uit *Onherstelbaar verbeterd* (1982) en verscheen ook als bladwijzer bij *Mercator Pers* (1981). *Lichaam en Geest* werd gedrukt door Uitgeverij Exponent, Bedum, 1984, in 100 exemplaren. *Spiegelei* komt uit *De nachtmerrie* (1990).

ENKELE VERTALINGEN *411*

De vertalingen van Thomas Lovell Beddoes en Jakob van Hoddis werden voor het eerst afgedrukt in *Tutti-frutti* (1972), de vertaling van Thomas Campion in *De nachtmerrie* (1990).

Mijn kind kwam thuis... maakte deel uit van een editie in drie exemplaren onder de titel *Mein Kind kam heim*, Cotopolis, in het huidige jaar [de Literaire Loodgieters, Amsterdam, 1984], verschenen ter gelegenheid van de 43ste verjaardag van Kees van Kooten.

DE NACHTMERRIE (1990) *423*

Eerste druk: Siau & Van Daalen, Amsterdam, 1990. In een oplage van 25 exemplaren, met illustraties van Piet van den Boog. *De artiest in de circuswagen* werd geschreven bij een schilderij van Hans van der Kroef. *Het moordcommando* werd gedrukt door Ser J. L. Prop (Terhorst, 1987) in een oplage van 75 exemplaren. Ser J. L. Prop maakte in 1993, in een oplage van 50 exemplaren, ook een druk van *Diafanie*, dat is opgedragen aan Harry G. M. Prick.

VERSPREIDE GEDICHTEN (1985-1994) *437*

Twee huizen verscheen bij *Exponent*, [Bedum], 1987, in een oplage van 115 exemplaren. *Koud kunstje* werd geschreven voor Jaco Groot, ter gelegenheid van zijn vijftigste verjaardag, en *Een rare droom in Vila Pouca da Beira* voor Eugène Siau, ter gelegenheid van het vijfentwintigjarig bestaan van zijn galerie. *Wandeling met mijn hond* ontstond in opdracht van de Gelderse Stichting voor Kunst en Cultuur (en werd afgedrukt in *Dit verstrijkend ogenblik*, Arnhem, 1993). Het gedicht 31 december 1999 verscheen ook als *Pseudo-Ambrosia* met een ets van Charles Hofman als tweede aflevering van de serie *O Heraldo Oliveirense* (Vila Pouca da Beira, 1994), in een oplage van 20 exemplaren. *De koning slaapt* werd gedrukt door Ser J. L. Prop (Terhorst, 1993), in een oplage van 75 exemplaren.

ROOK ZONDER VUUR (1998) *461*

Eerste druk: Stupers Van der Heijden PR, Den Haag, 1998. Met illustraties van Dik Klut. Tweede druk 1998. Derde druk 1999.

TEQUILA SUNRISE (1998) *483*

Eerste druk: Uitgeverij Herik, Landgraaf, 1998. Met eraan toegevoegd: Hans Giesen: *In een ander land*. 1 litho + 11 tekeningen. In een oplage van 299 exemplaren. Tegelijkertijd verscheen een tweede druk van 299 exemplaren.

Gedurende het jaar 1999 verscheen elke maandag op de voorpagina van het *Algemeen Dagblad* een gedicht. Deze werden door Uitgeverij Bert Bakker, Amsterdam, in 2000 gebundeld onder de titel *52 Sonnetten bij het Verglijden van de Eeuw* (de titel is eraan toegevoegd door de uitgever). Het *Sonnet van de hoop* vormde, als handschrift in facsimile, een losse geschenkbijlage bij de bundel. Het gedicht *Gezwinde grijsaard*, opgenomen als motto bij de bundel, was eerder verschenen, in 1997, bij Ser J.L. Prop te Terhorst in een oplage van 75 exemplaren.

Eerste druk: De Bezige Bij, Amsterdam, 2001, onder de titel *Luchtspiegelingen. Gedichten, voornamelijk elegisch.* Eerder verscheen een selectie uit deze bundel als nieuwjaarsgeschenk voor auteurs, vrienden en relaties van De Bezige Bij en Thomas Rap, in een beperkte oplage. De cyclus *Faust, zoveelste deel* verscheen eerder als relatiegeschenk van Nysingh Advocaten, Walgemoed Accountants & Adviseurs en Tap Tromp Van Hoff Notarissen te Zutphen.

Het gedicht *Fietstocht* verscheen eerder in *Een plek om te lezen* (Gezamenlijke uitgave van openbare bibliotheken, de Vereniging NBLC en ProBiblio, 1999). *De pilaarheilige* en *Neerdaling* verschenen in *De mens in beweging.* Catalogus van de expositie Den Haag Sculptuur 2000 (Den Haag, 2000). Het gedicht *Kaapstad* werd onder de titel *Spookbeeld* geschreven voor *Klanke soos vere. Gedigte tussen Suid-Afrika en Nederland* (Den Haag, 1998) en onder de titel *Overal en nergens* verschenen gedichten met een ets van Theo Daamen als deel 4 in de reeks *Dichter bij Beeld, Gelderland,* redaktie Arie Grevers (Bredevoort, 1998), in een oplage van 75 exemplaren. Een eerste versie van *Omweg* werd, onder de titel *Jodenbreestraat,* geschreven voor Herman Gordijn en verscheen in Hans Sizoo en Annemarie de Wildt: *Het Amsterdam van Herman Gordijn* (Haarlem, 1997). *Eeuwige terugkeer* heette eerder *Omzwerving* en werd samen met *Zwerversbede* opgenomen in *De Nomade* (Bonk Editions, Bussum, 2000), verschenen in 140 exemplaren. *Zwanenzang* werd speciaal geschreven voor Dirkje Kuik en verscheen in *Feestelijk verval. Dirkje Kuik 70 jaar* (Amsterdam-Antwerpen, 1999).

In de afdeling *Onnozele ballingschap,* ten slotte, bevindt zich een serie gedichten die eerder verscheen in het dagblad *De Standaard.*

VERSPREIDE GEDICHTEN (1999-2003) *609*

Het vroege gedicht *Androgyn* verscheen voor het eerst in *Het blauw is nooit alleen*. Een excursie langs kleurgedichten, ed. Gerrit Komrij (Stichting Vedute, Amsterdam, 1999). *De lente*, *De zomer*, *De herfst* en *De winter* werden speciaal geschreven voor *Meulenhoffs Dagkalender voor 2001*, ed. Hans Warren en Mario Molegraaf. *De lof der gekken* verscheen in *Lof der Zotheid 2001 in gedichten*, een uitgave ter gelegenheid van Rotterdam 2001 Culturele Hoofdstad (Amsterdam-Rotterdam, 2001). *Het derde landschap* verscheen voor het eerst in een Portugese en Engelse vertaling (van resp. Fernando Venâncio en John Irons) in de catalogus *In the rough*. Images of nature through the ages in the collection of the Boijmans Van Beuningen Museum (Museu Serralves, Porto, 2000). Het gedicht *Palimpsest* is onder de titel *Geheugen* geschreven bij de ets *Palen in het Groninger wad* van Charles Donker.

De demon werd geschreven ter gelegenheid van de 4 mei-herdenking in De Nieuwe Kerk in 2001, *Op de staart getrapt* ter gelegenheid van Gedichtendag 2001 en *De favoriet* ter gelegenheid van Gedichtendag 2003.

Het mirakel van Bredevoort verscheen naar aanleiding van het 10-jarig bestaan van Bredevoort Boekenstad bij de Eikeldoorpers van Doortje de Vries (Apeldoorn, 2003), in een oplage van 200 exemplaren.

Een gedichtencyclus bij het *Requiem* van Nicolò Jommelli (1714-1774). Eerste en eenmalige druk: Athena's Boekhandel, Groningen, 2002.

Een gedichtencyclus bij lithografieën van Farhad Ostovani. Verschenen als *Leliën / Lys* bij Museum het Rembrandthuis, Amsterdam, 2003, in een oplage van 130 exemplaren en met een Franse vertaling van Paul Gellings.

GEPAARD EN ONGEPAARD (2003) *649*

Een gedichtencyclus bij etsen van Palézieux, geschreven voor een expositie bij Museum Het Rembrandthuis, Amsterdam, 2003.

IK, HET BOEK (2003) *663*

Eerste druk, onder de titel *Ik, het boek. Een levensverhaal*, bij De Uitvreter, Zoeterwoude-Dorp, 2003, in een oplage van 110 exemplaren. Geschreven en gedrukt ter gelegenheid van het 150-jarig bestaan van Boekverkoopers-collegie Eendragt te Utrecht.

DE HARDE KERN (2003) *673*

Eerder verschenen in *Het liegend konijn.* Tijdschrift voor hedendaagse Nederlandstalige poëzie onder redactie van Jozef Deleu. Jaargang 1, nummer 2 (2003).

In de verantwoordingen is van eerdere publicaties van de gedichten in krante- of tijdschriftvorm geen melding gemaakt. Voor een bibliografie van de gedichten (tot en met 1984) raadplege men: Paul van Capelleveen, *De gedichten van Gerrit Komrij, een bibliografie* in *Maatstaf*, 32ste jaargang, nr. 11-12, 1984, pag. 125-198.

Alle gedichten in deze uitgave werden naar de laatste versie afgedrukt –met hier en daar nog wat nieuwe wijzigingen. 't Is lastig voor de schriftgeleerden, maar het is een van de weinige privileges van dichters dat ze tot hun laatste snik in hun eigen werk mogen ingrijpen.

De titels staan romein, de beginregels cursief vermeld